生态旅游景区品牌忠诚影响机制研究

李 健 著

国家社科基金项目“数字经济赋能旅游业高质量发展的机理、效应与政策研究”（项目编号：22BGL153）资助出版

科 学 出 版 社

北 京

内 容 简 介

本书以生态旅游景区与游客之间的品牌关系作为研究视角，以浙江省杭州市西溪国家湿地公园（国家 AAAAA 级旅游景区）作为品牌型生态旅游景区的典型案例样本，重点探究和揭示游客感知价值对生态旅游景区品牌忠诚的影响机制，具体从品牌忠诚理论形成机制的解释变量——游客感知价值切入，将顾客品牌忠诚相关理论引入生态旅游景区品牌忠诚的形成机制研究中，在通过两次发放问卷对研究对象进行现场调查的基础上，首次创新性地构建了一个以品牌转换成本作为调节变量，以游客品牌满意和游客品牌信任作为中介变量，研究游客感知价值影响生态旅游景区品牌忠诚的概念模型，分别利用逐步回归分析和结构方程模型对含有调节变量和中介变量的混合模型和结构方程模型进行分层回归与验证性因子分析。

本书适合国内从事生态旅游、旅游消费者行为和旅游目的地品牌研究的研究人员、高校教师和相关专业学生，以及从事生态旅游景区规划、开发和管理的从业者阅读参考。

图书在版编目（CIP）数据

生态旅游景区品牌忠诚影响机制研究/李健著．—北京：科学出版社，2023.1

ISBN 978-7-03-070743-7

Ⅰ．①生… Ⅱ．①李… Ⅲ．①生态旅游－旅游区－品牌营销－研究－杭州 Ⅳ．①F592.755.1

中国版本图书馆 CIP 数据核字（2021）第 246488 号

责任编辑：纪晓芬 / 责任校对：赵丽杰
责任印制：吕春珉 / 封面设计：东方人华平面设计部

科学出版社 出版
北京东黄城根北街 16 号
邮政编码：100717
http://www.sciencep.com

北京中科印刷有限公司 印刷
科学出版社发行 各地新华书店经销
*
2023 年 1 月第 一 版 开本：B5（720×1000）
2023 年 1 月第一次印刷 印张：10 1/2
字数：210 000

定价：105.00 元

（如有印装质量问题，我社负责调换〈中科〉）
销售部电话 010-62136230 编辑部电话 010-62135397-2021

序

收到李健博士的《生态旅游景区品牌忠诚影响机制研究》一书的电子版，我首先感到先睹为快的欣喜，与此同时也为生态旅游领域研究拥有后来人而感到欣慰。在此之前我就开始关注李健博士的研究动态，最初是他翻译的一本名为《户外游憩：自然资源游憩机会的供给与管理》［罗杰·L. 穆尔（Roger L. Moore）和B. L. 德赖弗（B. L. Driver）合著］的书吸引了我，书中把生态旅游与户外游憩相联系的态度和观点让我耳目一新。书中第一章中的一句话"在这本书中，许多生态旅游即户外游憩"，让我对生态旅游研究信心倍增，也为研究自然保护地生态旅游找到了依据。我后来了解到李健博士的研究方向是生态规划与景观设计及游憩、旅游与公园管理，感受到他的研究方向与自然保护的紧密相关。

为游客创造高质量、个性化和移情性的特殊服务体验，提供优越的生态旅游服务质量，是生态旅游目的地品牌构建的核心，以品牌建设为契机，不仅有利于目的地整合生态旅游资源，拓展生态旅游产品内涵，提升生态旅游目的地形象，同时也可规范生态旅游目的地旅游开发、经营与管理，有利于推动生态旅游目的地旅游业竞争力来源由资源要素驱动向品牌资产转变，为此提出生态旅游景区如何创造游客感知价值，培育生态旅游景区品牌忠诚的管理启示，该书的研究价值也在于此。

翻阅该书，读者可以看到作者首先以杭州市西溪国家湿地公园为研究对象，以生态旅游景区与游客之间的品牌关系作为研究视角，探讨游客感知价值对生态旅游景区品牌忠诚的影响机制，将顾客品牌忠诚相关理论引入生态旅游景区品牌忠诚的形成机制研究中，进一步构建了一个以品牌转换成本作为调节变量，以游客对生态旅游景区的品牌满意和品牌信任作为中介变量，游客感知价值影响生态旅游景区品牌忠诚的概念模型，分别利用逐步回归分析和结构方程模型对含有调节变量和中介变量的混合模型和结构方程模型进行分层回归与验证性因子分析，具有很大的理论和实践意义。

该书提出的生态旅游景区品牌，不仅仅是一种显著区别于其他类型旅游景区竞争对象所提供产品或服务的识别标志，进而用以识别生态旅游景区提供给生态旅游者的产品或服务，更体现出了生态旅游景区及其所提供产品或服务的核心价值、差异化和质量信誉的保证及其溢价能力，从而反映出生态旅游景区及其所提供产品或服务的内在属性、核心利益、差异文化、个性理念和特定的旅游者类型。

是为序。

2021 年 11 月 28 日于北京

前　言

生态旅游作为一种现代社会新兴的旅游消费方式，以可持续发展理念为主导思想，以生态旅游审美和教育为核心功能，已成为现阶段我国旅游发展模式转型的根本方向，同时也是诠释“绿水青山就是金山银山”的生态发展观的旅游生产力体现。当前，随着旅游消费需求的日益差异化、细分化和体验化，尤其是随着现代人旅游消费意识的转变，生态旅游因崇尚“回归自然、返璞归真”的可持续旅游方式，逐渐受到青睐，于是，生态旅游方兴未艾。需要注意的是，由生态旅游活动的生态体验功能、知识教育功能和环境价值功能引发的生态旅游市场需求的快速扩张，与向游客直接提供生态旅游产品和服务的生态旅游景区的管理滞后所导致的生态旅游市场的供求矛盾愈演愈烈，其根本原因就在于生态旅游景区品牌管理缺乏，尤其是忽视游客和生态旅游景区之间的品牌关系。这直接导致生态旅游景区品牌建设缓慢，品牌管理缺乏，不仅严重束缚了生态旅游景区的市场竞争力，也不利于生态旅游景区的可持续发展。

长期以来，我国传统旅游景区管理市场化水平不高，大部分自然资源依托型旅游景区单纯以对旅游资源的初级规划为主，由此导致生态旅游资源开发利用率低下，旅游景区运营管理效率不高，这种短期开发行为显然与主张可持续发展理念的生态旅游背道而驰。因此，为游客创造高质量、个性化和移情性的特殊服务体验，创造优越的生态旅游服务质量，是生态旅游目的地品牌构建的核心。以品牌建设为契机，不仅有利于目的地整合生态旅游资源，拓展生态旅游服务产品，提升生态旅游目的地形象，还可以规范生态旅游目的地旅游开发、经营与管理，有利于推动生态旅游目的地旅游业竞争力来源由资源要素驱动向品牌资产转变。所以，生态旅游目的地实施品牌化战略，目的就在于培育对生态旅游目的地依恋的忠诚游客，进而有利于生态旅游目的地提高市场竞争力。与此同时，客观揭示生态旅游景区品牌构建过程，基于游客视角分析品牌忠诚的形成机制不仅有利于生态旅游景区科学实施品牌战略，也有利于生态旅游景区在充分满足游客诉求的基础上，尽可能为游客创造价值，甚至让渡价值。然而，在现阶段关于旅游景区品牌忠诚形成机制的探索研究中，游客感知价值和游客品牌满意被认为是两个重要的影响因素。基本的理论主线是，游客感知价值是游客品牌满意的基本前因，而游客品牌满意是形成游客对旅游景区品牌忠诚的重要影响因素。虽然这一简单的理论机制同样适用于生态旅游景区品牌管理，但是如果深入该理论机制内部，并且结合旅游产品的特殊性质理解，则在这一理论机制中，游客品牌信任的中介作用和游客转换成本的调节作用无法被忽视。只有考虑如上两个变量的特殊作用，才能尽可能实现生态旅游景区品牌忠诚形成机制研究的过程完整性。

本书的研究路径来源于生态经济学和生态管理学的分析范式，遵循“问题导向—研究设计—数据分析—管理启示”的逻辑分析范式，相应构建出如下研究思路：第一，基于游客视角的生态旅游景区品牌忠诚管理薄弱，形成本书研究的重要选题；第二，在文献述评的基础上，提出理论研究假设，搭建研究设计框架；第三，对量表数据进行结构方程模型的拟合验证；第四，基于实证研究结论，提出未来管理建议。从研究范式上看，作者对本书研究内容的层层深入，构成了完整的逻辑研究体系。

本书分为八章，其基本逻辑结构与各章内容概要如下。第 1 章为绪论，主要阐述研究问题与研究内容的必要性。第 2 章为研究基础，主要围绕（旅游景区、生态旅游景区）品牌忠诚的形成机制，并以相关解释变量为关键词，分别对这一研究领域的国内外实证研究文献进行梳理分析。通过文献述评，一方面，从中发现研究内容中存在的不足与空白之处，从而明晰本书研究的工作与价值；另一方面，为本书概念明晰与理论假设提供文献基础。第 3 章为研究区域概况，首先对本书研究对象——西溪国家湿地公园的多种生态自然和地理条件进行简单介绍，其次对其历史地理条件进行梳理，最后对其社会经济价值进行分析。第 4 章为样本差异检验，为了保证问卷量表信度的稳定一致，作者分别对研究对象进行两次问卷调查，并且为了确保所获数据样本之间存在显著差异性，本章

进行独立样本 T 检验。第 5 章为数据有效性分析，首先在文献解析与理论梳理的基础上提出游客感知价值对生态旅游景区品牌忠诚影响机制的概念结构模型，然后根据相关理论对模型路径关系提出对应研究假设，同时对量表的设计、发放和净化予以说明。第 6 章为调节与中介效应分析，根据概念结构模型的潜变量之间的影响路径关系，采用层级回归分析方法，分别对概念模型中的调节效应、有中介的调节模型和有调节的中介模型予以检验。第 7 章为结构方程模型分析，为了弥补分层回归分析技术的弊端，也为了验证概念模型各路径系数的分层回归分析的稳健性，本章在不考虑品牌转换成本的前提下，进一步对概念模型和竞争模型进行比较，以增强模型潜变量路径关系检验的客观性。第 8 章为结论、贡献、启示及研究局限与方向，在主要研究结论的基础上总结理论贡献，提出相应管理启示、研究局限及未来研究方向。

本书的研究思路是以西溪国家湿地公园为例，首先构建一个游客感知价值影响景区品牌忠诚的测量量表，并通过对理论模型和研究假设进行实证检验和验证，进而明确得出游客感知价值影响生态旅游景区品牌忠诚的效应与路径，从而深入揭示生态旅游景区品牌忠诚的形成机制，最终以此实证发现为依据，提出生态旅游景区如何创造游客感知价值，培育生态旅游景区品牌忠诚的管理启示。

目　录

第1章 绪　　论

生态旅游（ecotourism）作为一种内涵型集约价值高的旅游活动形式，为地方政府推进产业经济结构转型提供了参考思路。以生态资源和环境作为竞争力载体的生态旅游，不仅可以转型、重塑与优化地区产业结构，也可以最终实现绿色低碳的产业演进路径。然而，由于受到传统旅游景区管理计划体制的束缚，大部分自然资源依托型旅游景区仍以主要资源的初级开发的粗放型经营模式为主，不仅生态旅游资源利用率低下，而且旅游景区经营管理效率不高，特别是以“门票经济”为主导的景区盈利模式单一，从而使旅游景区生态资源过度开发，旅游景区承载力濒临甚至超过最大游客承载容量，进而导致生态环境受到严重破坏，这与提倡可持续发展理念的生态旅游背道而驰。因此，在当前我国旅游业发展规模不断扩张的产业背景下，积极探寻自然资源依托型旅游景区管理模式创新，尤其是及时有效地实施游客管理不失为一种有效的旅游景区管理方式。

生态旅游最早由世界自然保护联盟（International Union for the Conservation of Nature，IUCN）于 1983 年提出，其本质内涵强调以自然景观生态保护为主导，以追求生态旅游体验与教育为理念，是一种具有代表性的可持续发展的旅游方式。20 世纪 90 年代，随着我国可持续发展战略的实施，生态旅游逐渐被引入我国，并成为一种提倡绿色、崇尚自然，人地关系和谐的新兴旅游方式。我国地大物博，资源丰富，气候条件优越，尤其是生物多样性显著，这为发展生态旅游奠定了先天有利的资源基础，并且形成了以山地、森林、湿地、草原、海洋和荒漠等为典型代表的生态旅游资源类型。以此为产品设计与开发基础，我国的生态旅游活动载体呈现出多样化、科普性与体验化，诸如自然保护区、风景名胜区、湿地保护区、森林公园和水利风景区等。

《中华人民共和国文化和旅游部 2019 年文化和旅游发展统计公报》（以下简称《公报》）显示，2019 年全年国内旅游人数 60.06 亿人次，同比增长 8.4%，入境旅游人数 14 531 万人次，同比增长 2.9%，出境旅游人数 15 463 万人次，同比增长 3.3%。全年旅游总收入 6.63 万亿元，同比增长 11.1%。我国旅游业已经发展到大众化旅游中高级阶段，并且开始向日常休闲回归。与此同时，差异化游憩环境逐渐成为旅游休闲的基本途径。可以预见的是，随着国内旅游市场日益活跃和入境旅游市场持续复苏，由于我国旅游业供给侧结构性改革滞后，未来我国旅游产品供需矛盾将愈发突出。

随着我国逐渐进入工业化中后期，后现代生态旅游消费观开始引导新型旅游消费潮流，导致日益增长的生态旅游消费需求与目的地生态旅游产品供给之间愈益失衡，矛盾加剧（高峻，2010；严力蛟，2007）。质言之，生态旅游目的地向旅游市场提供的生态旅游产品的类型、品质与规模都无法与现阶段呈爆发式增长的生态旅游消费需求规模相匹配。值得注意的是，随着生态文明思维逐渐普及，一方面，目的地生态旅游开发观念日渐深入；另一方面，人们的生态旅游消费意识渐次增强。因此，旅游产品供需双方对旅游产品的生态功能愈发重视。对游客而言，大众型低层次观光旅游产品功能的单一性已无法满足他们对休闲度假旅游产品的心理诉求，尤其是对教育性、深层次和体验式生态旅游产品的不断追求，驱动了游客对生态旅游的显著旅游动机。从一定程度上讲，游客对生态旅游的欲望诉求为生态旅游发展提供了市场基础。对目的地景区而言，以需求为导向的旅游开发方式，促使旅游景区产品开发方式逐渐开始转型，由过去粗放式资源导向型开发，开始向集约式需求导向型开发转变，于是以生态为主题的多功能复合型旅游产品呼之欲出，成为旅游景区产品转型的主要方向。

从国家层面来看，大力推进环境友好型和非资源消耗型生态旅游发展，不仅可以满足日益增长的旅游休闲消费需求和生态环境需要，还可倡导人们形成正确的生态价值观，引导旅游景区秉持科学的生态开发观，所以推动形成绿色消费新观念，发展负责任、可持续的生态旅游是新时期国家对旅游业未来发展趋势的要求，这也符合“十四五”规划要求各地强化生态环境保护力度，需为人民提供更多优质生态产品的基本内容。然而，不可否认的是，当前旅游景区在发展生态旅游过程中，还存在诸多弊端，如生态资源过度开发，生态旅游产品单一，生态旅游景区管理滞后。其中，生态旅游景区管理滞后是制约生态旅游景区发展的重要因素。因此，目的地景区在着重进行生态旅游开发时，应将景区管理放在首位，努力提升生态旅游景区管理效率，这是提高景区生态旅游开发质量的根本保证。

长期以来，品牌作为企业核心竞争力的体现，是企业参与市场竞争的重要资产。虽然服务产品的无形性和抽象性导致服务业品牌构建存在一定难度，但不可否认的是，为顾客创造价值，赢得顾客认同，是服务业品牌的核心。对于旅游目的地而言，为游客创造高质量、个性化和移情性的独特服务体验，是旅游目的地品牌构建的根本。旅游目的地品牌构建不仅有利于旅游目的地整合旅游资源，提升旅游目的地形象，还有利于规范旅游目的地旅游开发、经营与管理，有利于推动目的地旅游业竞争力来源由资源要素驱动向品牌资产转变。质言之，旅游目的地实施品牌化战略，目的就在于培育对目的地依恋的忠诚旅游者，进而有利于旅游目的地提高市场竞争力。但是关于我国旅游目的地品牌管理战略的探究正在起步阶段，生态旅游景区的品牌管理问题仍处于研究薄弱状态，而且主要是从目的地供给侧探索，忽略了从需求端考虑，尤其缺乏对游客感知价值内容的重视，从而容易使生态旅游景区品牌管理与市场诉求相脱节，且品牌战略盲目构建、实施。因此，将游客感知价值纳入生态旅游景区品牌战略研究成为提升生态旅游景区管理效率的当务之急。

近年来，湿地生态资源因其生态属性价值的稀缺性，逐渐受到潜在客源市场的青睐，尤其是湿地生态旅游景区所拥有的动植物资源的多样性，为游客创造了独特的生态旅游体验和难忘的学习教育经历。然而，遗憾的是，由于资金和技术等因素，当前我国大多数湿地生态区域仍处于保护与开发不足的状态，并呈现出“双低”特征，即低开发与低保护。随着生态旅游市场的需求急剧释放，湿地作为重要的生态旅游资源，其产品开发水平不高，因而加剧了生态旅游产品供求失衡的态势。因此，在坚持适度保护前提下的有序开发，对挖掘湿地生态资源价值，传播湿地生态资源文化，形成开发与保护之间良性循环式的可持续发展，以及活化湿地生态资源具有重要意义。事实上，一些处于环城游憩带（recreational belt around metropolis，ReBAM）范围的湿地生态资源，不仅对城市发展具有重要的环境气候调节功能，而且对满足城市居民短距离近郊的休闲度假需求也可发挥重要作用。因此，作者选择位于杭州市区西部，距离西湖仅5千米的西溪国家湿地公园作为研究对象，主要聚焦该湿地公园在满足本地乃至国内外游客湿地生态旅游需求时，在供给和需求两端如何建构和实施科学的生态旅游景区经营管理理念，具体是指深入西溪国家湿地公园供求作用关系内部，着重揭示游客感知价值对其品牌作用的忠诚度，最终将相关研究结论推广应用到普适性的生态旅游景区管理实践中。

从理论上思考，按照顾客品牌忠诚理论，顾客价值和顾客满意是决定顾客品牌忠诚的重要解释变量，这一理论关系链不断在管理学领域中得到反复验证，并已成为探究顾客品牌忠诚驱动因素所不可忽视的核心内容。随着顾客品牌忠诚理论的逐渐成熟，尤其是被逐渐引入服务业研究领域，有效解决了服务业品牌管理的诸多困难。需要指出的是，随着旅游管理学理论的渐次完善，顾客品牌忠诚理论也被拓展到旅游管理研究领域，并为探究旅游企业游客品牌忠诚形成机制奠定了基础（许峰等，2013）。既有关于旅游企业品牌忠诚的研究，主要是围绕游客对酒店、旅行社和航空公司等旅游企业的品牌忠诚展开分析，虽然对旅游景区游客忠诚的研究早已有之，但对旅游景区，尤其是生态旅游景区品牌忠诚的相关研究较为鲜见，而对后者的研究显然具有两重属性。例如，对旅游景区品牌忠诚驱动因素进行研究，既有助于旅游景区科学地实施品牌构建战略，又有助于景区了解游客重游和推荐意愿的形成机制，进而培育忠诚的游客。因此，作为以无形服务为核心产品属性的旅游企业，培育对旅游企业品牌具有忠诚的顾客，对于旅游景区实现长期游客感知价值至关重要。与此同时，有别于提供大众观光旅游产品的普通自然资源依托型景区，生态旅游景区因其生态资源的脆弱性，加之其生态资源具有一定的竞争力，无论是参与旅游市场竞争，还是进行旅游景区管理，将游客感知价值诉求融入生态旅游景区品牌构建过程都极为重要。需要强调的是，将游客信任的中介作用和游客转换成本的调节作用纳入游客感知价值影响生态旅游景区品牌忠诚的影响关系中，可以深化对生态旅游景区品牌忠诚形成机制的研究。原因在于：首先，作为服务业产品类型，旅游产品本身所具有的无形性、生产与消费同步性，导致旅游产品购前风险较大，游客所面临的潜在不确定因素较多，尤其是对尚不具备相关生态旅游专门知识的游客而言，未来购买的心理感知风险更大。因此，游客信任构念在游客感知价值、满意度影响忠诚的理论关系中具有重要的中介作用。然而，在既有关于游客忠诚相关文献中，鲜有文献将游客信任纳入上述理论机制研究中。其次，在探讨顾客品牌忠诚的文献中，顾客转换成本是一个无法回避的重要构念，顾客在转换品牌服务商时，会面临各种类型的转换成本，而顾客整体转换成本的高低也会间接影响顾客对品牌的忠诚。类似地，当前，随着我国旅游业供给侧亟待改革，旅游景区作为旅游产品生产和交易的主要场所，其同质化竞争异常激烈，与此同时，生态型旅游目的地竞争也渐入白热化。因此，游客在选择品牌生态旅游景区时，必然会受到诸多类型转换成本的影响，游客转换成本在生态旅游景区品牌忠诚形成机制中具有典型的调节作用。在对生态旅游景区品牌忠诚进行研究时，势必要将游客信任和游客转换成本纳入研究框架中。

生态旅游景区为了凸显产品差异化优势，增强生态旅游产品市场识别度，树立景区生态质量形象，实施品牌化战略是提升生态旅游景区竞争力的有效举措。事实上，旅游景区树立品牌优势，已经成为景区培育忠诚游客、招揽潜在游客的战略手段。对生态旅游景区而言，避免粗放式规模化经营，推崇集约式精品化经营是其主要经营理念，生态旅游景区走品牌化道路也是必然选择。传统上，旅游景区对品牌化经营不够重视，更缺乏景区品牌管理经验，而生态旅游景区主要侧重对资源生态性的初级开发利用，忽视对景区品牌战略的整体思考，尤其是考虑如何培育对生态旅游景区品牌具有忠诚的顾客，有助于生态旅游景区有效提升生态旅游资源利用率。尽管从供给端对生态旅游景区品牌化构建的举措较有成效，但在实施品牌化战略过程中不能忽视游客管理的重要性，毕竟游客对生态旅游的需求是景区产品开发的主要方向。所以，从游客感知价值角度切入，探讨生态旅游景区品牌忠诚的影响机制，不仅仅是对既有旅游品牌游客忠诚研究的理论延伸，更重要的是，为探索生态旅游景区实施科学有效的品牌管理提供理论创新参考。

本书选择近年来日渐兴起的湿地生态旅游为研究对象，首先开发生态旅游景区品牌忠诚影响因素的测量量表，并对一个以游客感知价值为首要解释变量，同时包含游客信任中介作用和游客转换成本调节作用的生态旅游景区品牌忠诚形成机制的理论概念模型进行结构方程模型的实证检验，以期探索游客感知价值对生态旅游景区品牌忠诚的影响路径，进而为生态旅游景区在品牌构建过程中理解并强化游客管理提供理论参考和实证依据。

鉴于当前生态旅游研究中对于游客与景区品牌关系研究的缺失，现阶段大多数生态旅游景区并未恰当处理开发与保护之间的关系，从而导致部分生态旅游景区采取"重开发，轻保护"的粗放式发展模式，不仅由此加剧了主客矛盾，而且使生态资源面临较高的生态破坏风险。因此，本书的研究目的具有明确的实践指向性和显著的理论创新性。以西溪国家湿地公园所代表的湿地生态旅游为例，一方面，面临当前日益严峻的生态旅游活动中的供求矛盾，对于生态敏感脆弱的旅游景区，如何在有针对性地满足游客需求的同时，提升景区品牌价值，避免延续传统单一性的景区盈利模式具有重要的现实意义。另一方面，湿地生态旅游方兴未艾，遗憾的是，与其相关的理论学术研究却相对滞后单薄，潜在的后果会是湿地生态旅游景区在进行经营管理时缺乏相应的理论指导，这不仅会直接导致景区管理效率的低下，而且会产生严重的生态威胁。所以本书以典型的湿地生态旅游景区为例，深刻揭示游客感知价值对生态旅游景区品牌忠诚的理论影响机制，对于当前亟须弥补的生态旅游景区品牌管理方面的研究领域具有显著贡献。

游客感知价值影响生态旅游景区品牌忠诚度存在显著的理论内涵。

首先，随着旅游景区品牌战略概念的逐渐深入，探究旅游景区品牌忠诚的形成机制成为应然的理论命题。尽管既有文献开始涉入对旅游景区游客忠诚内在机制的理论揭示与实证检验，但由于目的地研究对象的异质性，研究结论的理论归纳性并不理想。与其不同，本书从生态旅游景区品牌忠诚这一理论视角切入，首先构建游客感知价值对生态旅游景区品牌忠诚影响的测量量表，并通过进一步对理论模型的数据拟合与检验，得出具有普适性的生态旅游景区品牌忠诚的影响机制。一方面，深化了旅游景区游客忠诚的研究内容，主要聚焦于旅游景区品牌层面，探讨游客感知价值对景区品牌忠诚的影响机制；另一方面，拓展了生态旅游方面的研究内容，尤其是补充了生态旅游景区品牌忠诚方面的研究内容。

其次，生态旅游所内涵的较高专业知识会使旅游者感知到一定的潜在购买风险，所以生态旅游者所面临的购前不确定因素会显著影响其对生态旅游景区的满意度和忠诚度。因此，在生态旅游特殊活动背景下，在传统的游客感知价值影响景区品牌满意度和忠诚度的理论关系链中纳入游客信任这一特殊构念，可以进一步客观反映游客满意度和游客忠诚度之间的关系，并通过游客信任的中介作用，完善生态旅游景区品牌忠诚驱动因素模型。实际上，本书首次将游客品牌信任纳入游客感知价值对旅游景区游客忠诚的影响机制中，这是一项有益的理论创新，同时也契合探索生态旅游景区品牌忠诚影响机制的理论需要。

再次，在既有研究旅游景区游客忠诚文献中，基本都忽视了游客转换成本的作用。然而，以游客需求为导向的旅游产品供给模式表明，当游客所面临的转换成本较低时，目的地景区应当充分重视培育对景区品牌忠诚的游客，否则游客会比较容易地转换品牌旅游景区。另外，旅游景区产品竞争的同质化也为游客调整转换成本创造了条件。对于生态旅游景区而言，由于生态质量的稀缺性和较高的补偿成本，生态旅游景区必须走品牌化战略之路，其中如何培育忠诚的生态旅游者，就要不可避免地牵涉到生态旅游者在生态旅游景区品牌之间的选择或转换成本，因其对生态旅游景区品牌忠诚的驱动因素存在无法回避的调节作用，直接关系到影响因素对生态旅游景区品牌忠诚的影响路径大小。

最后，将游客感知价值内容纳入生态旅游景区品牌忠诚的研究框架，有助于生态旅游景区深刻理解游客的期望、态度和行为，通过提供产品质量符合游客诉求的品牌，从而更好地为游客创造价值，由此可以赢得游客对生态旅游景区的长期青睐，进而形成较高的游客感知价值，进一步增强游客对生态旅游景区的满意度。这不仅有利于培育对生态旅游景区具有忠诚度的游客，增强其重游意愿，形成游客对生态旅游景区的场所依恋（place attachment），还有利于生态旅游景区有针对性地加强品牌关系管理，从而最终形成游客对生态旅游景区的品牌依恋（brand attachment）。

事实上，具体到对湿地公园这一特殊资源类型的生态旅游景区进行研究，除了从“归纳”的意义上可以相应补充和完善生态旅游学中关于生态旅游景区经营管理方面的相关研究领域，更重要的是，可以填补当前我国湿地生态旅游研究的薄弱之处，尤其是湿地生态资源在进行旅游开发之后，随着大量旅游者的不断涌入，毫无疑问，给原本生态资源较为脆弱和敏感的湿地生态旅游景区带来了较大的容量承载压力，所以探索游客对生态旅游景区的感知价值，对于湿地生态旅游景区维持并强化与游客之间的品牌关系，进而以提升和增强湿地生态旅游景区的品牌价值和资产来实施可持续发展的经营管理理念至关重要。因此，本书的研究内容可以有力地弥补湿地生态旅游这一细分生态旅游学术领域的理论研究空白，对于深刻认知湿地生态旅游品牌与游客之间的主客关系，为实施科学的生态旅游景区品牌关系管理奠定重要的理论基础。

从实践意义上看，本书具有如下作用。

第一，有利于旅游景区品牌化建设。旅游景区作为旅游产品的主要生产场所，因产品或服务形式的无形抽象性，更需要进行品牌化构建，一方面，向游客表征旅游产品质量内涵；另一方面，向竞争对手展示综合竞争力。本书从游客视角切入，即从需求端考虑，旅游景区品牌忠诚解释变量的影响机制，进而改变传统上单纯从目的地自身出发进行品牌化建设的单一思路，从而有利于强化游客与旅游景区品牌之间的关系。

第二，有利于生态旅游景区创造游客感知价值。众所周知，生态旅游景区承载力较为脆弱，旅游容量较小，无法进行大规模的开发，所以强化生态旅游景区品牌，培育游客忠诚度，是生态旅游景区主要的市场经营策略。在这一过程中，充分揭示生态旅游景区品牌游客忠诚的形成机制，有利于景区实施有针对性的游客管理措施。同时，为了增强游客对景区品牌的忠诚度，也需要尽可能满足游客需求，从而进一步为游客创造最大的生态旅游体验价值。

第三，有利于游客对生态旅游景区品牌情感的演化。生态旅游景区在创造、维系并强化游客对景区品牌忠诚的过程中，不断为游客创造价值，其实也是一个不断满足游客旅游期望的过程。在这一过程中，游客对生态旅游景区品牌的情感关系逐渐增强，从而使游客与生态旅游景区品牌之间的互动长期而频繁，游客对生态旅游景区所形成的品牌依恋，进一步强化了游客对生态旅游景区的品牌忠诚度。

第四，有利于提升游客对生态旅游景区的感知旅游质量。从游客感知价值视角，揭示生态旅游景区品牌忠诚的形成机制，有助于生态旅游景区增强旅游目的地形象，提升旅游产品品质，规范旅游景区经营环境，进而从多个方面增进游客对生态旅游景区的产品、服务与环境等综合因素的积极主观评价，即形成较高的游客感知质量，进而创造较高的游客感知价值。

第2章　研究基础

2.1　旅游品牌忠诚相关理论

2.1.1　品牌

品牌关系的提及始于 Blackston（1992）关于品牌关系的定义，他认为品牌关系是“顾客与品牌态度之间的互动”。实际上，品牌的内在价值即体现在顾客与品牌之间的互动关系过程中。品牌关系双方互动的内容是全方位的，既包括经济方面的交换，也包括非经济方面的交换。同时，顾客与品牌之间的关系并非静止不变，而是动态发展的，并且随着顾客与品牌之间互动的深入，顾客与品牌之间的关系呈现出典型的时间阶段性（Fournier et al.，2000）。由此说明，品牌关系可以概括为顾客与品牌之间是一种由弱到强、由陌生到熟悉的互动过程。所以必须充分重视品牌关系管理，进而改善品牌与顾客之间的关系，这样才能有效提升企业的品牌资产价值。

2.1.2　品牌忠诚

营销过程的最终目的是保留原有顾客，获得新顾客，并使之成为忠诚的顾客。对品牌忠诚的理解，可以源于对顾客忠诚内涵的揭示。早期对顾客忠诚的理解，主要分为两个方面：重复购买（行为忠诚）和行为意向（态度忠诚）。因此，品牌忠诚实际上是顾客忠诚的一种特殊表现，是顾客忠诚具体到顾客对品牌的忠诚表现。品牌忠诚作为重要的营销战略工具，具有多个优势。Rowley（2005）认为，品牌忠诚的优势在于降低顾客价格敏感性、降低用于招徕新顾客的开支，以及提高组织利润率。Delgado-Ballester 和 Munuera-Aleman（2001）则指出，品牌忠诚会创造企业价值。例如，为竞争对手设置进入障碍、提高企业应急反应能力、扩大企业销售规模和增加收入。

许多学者对品牌忠诚展开研究，并认为其是组织营销活动中的重点问题（Aaker，1996），但他们对品牌忠诚的定义仍莫衷一是。其中，Oliver

（1999）对品牌忠诚的定义比较受到认可，他认为品牌忠诚就是顾客对同一产品重复购买的一种深度承诺。Bowen 和 Shoemaker（1998）认为，忠诚的顾客一般具有两个基本表现：重复购买和口碑效应。Reichheld（1996）指出，降低 5%顾客流失率，企业利润将会增长 25%～100%，品牌忠诚将会有利于扩大市场份额。同时，随着忠诚的顾客对同一产品的购买信心提升，其对品牌的信任度也越来越高，购买风险也会随之降低。

具体而言，对品牌忠诚的内在理解，既有文献主要分设三个方面：行为忠诚（Russell-Bennett and Rundle-Thiele，2004）、态度忠诚（Kandampully and Suhartanto，2000）和混合忠诚（Pritchard et al.，1999）。首先，从行为忠诚角度看，顾客忠诚被理解为购买，即一位顾客购买同一种服务的次数占该服务消费者总购买次数的比例（Rundle-Thiele and Russell-Bennett，2001）。较早的文献，诸如 Newman 和 Werbel（1973）指出，对品牌忠诚的顾客，不仅会重复购买该品牌的产品，甚至会只关注这一品牌。其次，态度忠诚是一种情感倾向，包括对某一品牌的承诺、重复购买意向、信任，以及对其在情感上的整体依恋（Mellens et al.，1996）。态度概念很显著地体现在口碑方面，即向他人推荐服务（Zeithaml et al.，1996），并鼓励他人购买该服务（Bowen and Shoemaker，1998）。Dick 和 Basu（1994）指出，顾客对品牌的忠诚表现为，一是顾客长期大量重复购买某一品牌产品的行为；二是顾客对该品牌产生了情感信任和依赖。最后，混合忠诚（忠诚的行为和态度成分合并混合使用）首先由 Day（1969）提出。Jacoby 和 Chestnut（1978）提出，品牌忠诚不仅体现在实际购买行为上，还体现在对品牌的态度和偏好上。Oliver（1999）也提出，品牌忠诚应包括顾客对品牌的承诺意向和重复购买行为。

除此之外，部分研究探讨了品牌忠诚的解释变量，并表明品牌忠诚是一个非常复杂的问题。不同的研究表明，服务质量、感知价值、顾客满意、转换成本和顾客信任常被认为是品牌忠诚和顾客忠诚的常见前因（Chen and Tsai，2008；Cronin et al.，2000）。这些研究确定了服务质量的顾客感知、感知价值、顾客满意和购买后行为意向之间的基本关系（Chen and Tsai，2008；Cronin et al.，2000）。

2.1.3 旅游品牌

首先对旅游品牌进行文献梳理，然后对旅游品牌进行综述。既有文献对旅游品牌的探讨，主要是从宏观上考虑如何构建旅游品牌的问题。Cosma（2009）对罗马尼亚旅游品牌建设的优劣势进行了分析。Pomering和 White（2011）指出，澳大利亚旅游品牌营销应当融入本土文化元素。So 等（2014）首先开发了顾客参与的五维度（认同、热情、注意、专注和互动）量表，并实证检验了顾客参与对酒店和航空公司旅游品牌行为忠诚的影响，结果显示顾客参与对旅游品牌建设存在显著影响。Pomering 和 White（2011）从游客体验生成的视角，探讨了旅游者与旅游品牌之间互动关系的重要性。Semone 和 Kozak（2012）指出，为了有益湄公河区域旅游市场营销，应当强化湄公河区域旅游品牌的市场可识别性。Boiko 等（2013）以乌克兰国家旅游品牌建设为例，指出创造顾客价值是构建旅游品牌的基础。Kim 和 Yoon（2013）对韩国旅游品牌形象进行了内容分析，并提出了相应改善意见。Chigora 和 Zvavahera（2015）分析了津巴布韦旅游品牌忠诚度的来源，研究发现媒体营销和口碑效应最为重要，其次是个体经验和整体感知。Guo 等（2016）在实验设计和探索性分析的基础上，提出了区域旅游品牌优化技术。

旅游目的地品牌建设对旅游目的地提升竞争力至关重要，其中蕴含着非常复杂的内容（Pike，2005）。尤其是对于当前愈发激烈的旅游目的地竞争，采取品牌化竞争战略是有效的市场竞争武器。旅游目的地品牌内涵揭示出游客将目的地视为一个综合性整体产品，并通过情感和认知过程来判断目的地特征（Boo et al.，2006）。Clarke（2000）指出，旅游目的地品牌化可以减弱不确定性因素的影响和减少度假决策的风险因素，并且有益于促进市场细分。Foley 和 Fahy（2004）认为，爱尔兰旅游品牌定位策略受到了挑战，应当将游客感知和期望融入其中。Gartner 和 Ruzzier（2011）以到访斯洛文尼亚的德国游客为研究对象，探讨了以游客为导向的旅游目的地品牌资产的概念，并构建了游客评价旅游目的地品牌模型所涉及的四个维度，包括意识、形象、质量和忠诚度，结果显示，形象和质量在一个目的地的游客评价中扮演着重要角色。

Konecnik 和 Go（2008）以斯洛文尼亚为例，从供给侧视角探讨了旅游目的地品牌认同的概念，旅游目的地品牌建设应当将身份认同和感知形象交织在一起。Ashton（2014）从利益相关者视角，对旅游目的地品牌进行了认知分析。概括而言，大多数关于旅游目的地品牌的研究主要围绕旅游目的地品牌概念（Pike，2005）、定位（Morgan et al.，2002）、个性（Guiry and Vequist，2014）、形象（Lai and Li，2015）和资产（Gartner and Ruzzier，2011）等方面进行研究。

2.1.4 游客忠诚

旅游目的地是否可以始终获取竞争优势，本质就在于是否能够持续培育和赢得忠诚的游客。国外关于旅游目的地游客忠诚的研究始于 20 世纪 90 年代，主要是建立在品牌忠诚管理核心理念的基础上，即态度忠诚和行为忠诚的二维构念，并得到了 Backman 和 Crompton（1991）的认同。他们指出，行为层面主要指游客参与旅游活动、使用旅游设施与接受旅游服务的相应次数，反映出游客多次参与的一致性；态度层面则是指游客情感上的旅游需求选择偏好。

1）在游客忠诚内涵解释方面，Oppermann（1999）认为，游客行为忠诚可以通过多次重游予以体现，而态度忠诚则很难衡量，这是因为游客对目的地的选择更偏向于是一种主观有意识的决策过程，而非可以频繁性购买。Fyall 等（2003）则指出，游客忠诚在很大程度上体现在态度层面，而非行为层面，原因在于游客对目的地的选择可能受到外界情境因素刺激，旅游时充分购买旅游产品，也不一定是忠诚，也许是一种习惯或别无他选。

2）在游客忠诚类型划分方面，Backman 和 Crompton（1991）根据态度和行为倾向强弱，构建了游客忠诚类型的划分矩阵：高度忠诚，即强情感偏好，高购买频次；虚假忠诚，即高购买频次，无情感偏好；潜在忠诚，即低购买频次，强情感偏好；低度忠诚，即低情感偏好，低购买频次。Oppermann（1999）则根据游客旅游经历，提出了游客忠诚的七种类型：非购买者（non-purchasers）、幻想破灭型（disillusioned）、非稳定型（unstable）、非忠诚型（disloyal）、稍微忠诚型（somewhat loyal）、忠诚型（loyal）和非常忠诚型（very loyal）。

3）在游客忠诚驱动因素方面，满意度被认为是游客重游和口碑推荐的决定因素，满意对游客忠诚具有积极影响（Yoon and Uysal，2005）。游客较高的感知服务质量对游客满意具有关键影响，并决定了游客是否重游和具有推荐意愿（Alegre and Juaneda，2006）。Gallarza 和 Gil-Saura（2006）通过实证检验发现，游客感知价值通过满意度的中介作用对目的地游客忠诚具有间接的积极影响。目的地形象也会对游客态度和行为有直接或间接的作用，进而会影响游客的满意度和忠诚度（Bigné et al.，2001）。除此之外，关于游客忠诚驱动因素，还包括旅游动机（Yoon and Uysal，2005）、过往旅游经历（Huang and Hsu，2009）、旅游行为特征（Alegre and Cladera，2006）和目的地选择偏好（Chen and Gursoy，2001）等。

2.2　顾客品牌忠诚相关解释变量

2.2.1　顾客价值理论

1. *顾客价值内涵*

顾客价值被认为是能否吸引和保留顾客的战略武器，是服务供应商是否成功的一个非常显著的因素（Zeithaml，1988；Zeithaml et al.，1996；Woodruff，1997）。肇始于 Drucker（1954）的研究论断，顾客实际购买和消费的并非产品，而是其内在价值。之后，围绕顾客价值的相关理论探讨日渐丰富。通过文献梳理发现，Dodds 和 Monroe（1985）首先将顾客价值理解为某一产品给予（give）和得到（get）间的权衡。Porter（1980）也表达出相似的观点，即顾客价值是产品或服务的功能感知和购买付出之间的一种权衡结果。比较具有代表性的观点当数 Zeithaml（1988）的论述，他将顾客价值定义为顾客根据对产品或服务的利益所得与成本付出进行对比后，进而对产品或服务整体效用做出的总体评价，“所得”与“所失”之间差距越大，说明顾客价值越大，即产品或服务对顾客越有价值。

基于 Zeithaml（1988）对顾客价值内涵的经典解析，众多学者从不同视角均对顾客价值进行了理论阐释，进一步丰富了顾客价值理论内涵。当然，主要核心观点还是以“差异说”为主。例如，Monroe（1990）指出，顾客价值是指顾客对产品或服务的感知利得与感知利失的权衡比较结果，它是顾客相对于产品或服务价格调整后而获得的感知质量。Higgins（1998）认为，顾客价值是顾客所获利益与所付成本之间的差额。Woodruff（1997）认为，顾客价值是与为获得某种产品或服务所付出的价格相比，消费者自身所获得的结果或利益。顾客价值构念被认为是赢得竞争优势的一个重要因素，也是表征重购意愿的一个重要指标（Parasuraman and Grewal，2000）。Desarbo 等（2001）指出，顾客价值是顾客感知质量与感知价格之间的权衡。Chen 和 Dubinsky（2003）认为，感知价值是顾客为了获得期望利益而与其付出成本相比较所感知到的净收益。另有部分学者从其他视角对顾客价值进行了相应理解。Anderson 等（2006）认为，顾客价值是顾客在获得产品或对服务中的所得与所失差异比较的“净收益”。

综上所述，围绕顾客价值概念内涵的讨论相对丰富，尽管对顾客价值的理论界定并未达成一致，但主要论点还是支持“顾客价值是顾客对产品或服务的感知利得与感知利失之间的权衡比较”的基本论断。详言之，感知利得的内容主要包括获取经济、技术、服务、社会与行为利益；感知利失则主要涉及顾客在购买产品或服务时所付出成本的集合，如价格成本、交通成本、心理风险和时间成本等。显而易见，如果想获取较高的顾客价值，可以通过提高顾客感知利得和减少顾客感知利失来实现。由上述文献述评来看，质言之，顾客价值应当定义为：顾客价值是顾客在获取某产品或服务的过程中，顾客基于自身对此产品或服务的感知利得与感知利失之间的权衡比较而形成的对产品或服务的效应的整体评价。

2. 顾客价值维度

顾客价值维度之间并不是独立的，而是内涵许多多维构念，包括组织承诺（Mowday et al.，1979）、工作幸福感（Warr，1990）和服务质量（Dabholkar et al.，1996），它们之间是相对独立且相互联系的。大部分学者支持顾客价值具有多维属性的观点。Sheth 等（1991）指出，顾客可以从消费产品或服务中获得功能价值、情感价值、情境价值、认知价值和社会价值五种价值。Jarvenpaa 和 Todd（1996）在网络环境下，提出顾客价值由产品或服务使用价值、购买体验和购买风险组成。Best（1997）认为，顾客价值包括经济价值、服务价值和情感价值。Parasuraman 和 Grewal（2000）提出，应将服务质量纳入顾客价值的维度，即顾客价值应包括产品质量、服务质量和价格价值。Huber 和 Herrmann（2000）认为，产品或服务的潜在购买风险是顾客价值的内在维度。Sweeny 和 Soutar（2001）通过实证研究发现，顾客价值具有情感价值、社会价值、价格价值和质量价值四个维度，其中价格价值和质量价值是 Sheth 等（1991）所提出的功能价值的子维度，但其忽略了条件价值。Petrick（2002）基于 Zeithaml（1988）的理论框架，提出顾客价值内涵质量价值、价格价值、情感价值、行为价值和声誉价值。Pura（2005）认为，顾客价值可分为货币价值、社会价值、便捷价值、情感价值和认知价值。Rintamäki 等（2006）认为，顾客价值包含功能价值、享乐价值和社会价值三个维度。Roig 等（2006）则指出，顾客价值应当包含多重功能价值、情感价值和社会价值。Sánchez 和 Callarisa（2006）以旅游者为例，认为虽然对购后感知价值研究颇多，但鲜有研究对购买过程中整体感知价值进行研究，其中游客评估不仅包括其消费体验，也包括购买经历，并将游客感知价值分为功能价值、价格价值、情感价值和社会价值。

3. 顾客价值影响结果

（1）顾客价值直接影响结果

1）顾客价值直接影响行为意向。Dodds 等（1991）发现，对价值的感知会直接影响购买意愿。实证研究表明，顾客价值是决定重购意愿的一个关键因素（Cronin et al.，2000；Chen and Dubinsky，2003；Lewis and Soureli，2006）。Tam（2004）研究发现，顾客满意和顾客价值显著影响购后行为。Wu 和 Hsing（2006）发现，顾客感知价值对购买意愿有显著的正向影响。Kuo 等（2009）以移动价值增值服务为例，通过结构方程模型和多元回归分析方法研究发现，顾客价值显著正向影响购后行为。

2）顾客价值直接影响顾客满意度。感知价值会影响顾客满意度、顾客忠诚及其他结果变量（Cronin et al.，2000）。Pura（2005）对基于位置的移动服务中感知价值维度对态度忠诚和行为忠诚的直接影响进行研究，结果表明，条件价值主要影响行为意向，同时也会受到承诺和货币价值的部分影响。此外，承诺会受到情感价值和条件价值的影响，但是社会价值和认知价值均不显著。Lee 等（2007）以朝鲜非军事区战争旅游者为研究对象，通过结构方程模型研究发现，旅游者感知价值基本维度（功能、情感、整体价值）对旅游者满意度具有显著影响，旅游者满意度则对口碑效应具有统计显著性。Chen 和 Tsai（2008）通过对航空服务业的研究发现，感知价值对整体满意度具有显著的积极影响，并且会显著影响行为意向。Hu 等（2009）对服务质量、满意度、感知价值和形象关系的一项研究表明，感知价值显著影响顾客满意。因此，感知价值越高，顾客对服务提供商的整体满意度越高。

（2）顾客价值间接影响结果

Oh（1999）研究表明，感知价值是顾客满意和重购意愿的一个直接前因。同时，感知价值也会通过顾客满意和重购意愿间接影响口碑。顾客价值是顾客满意、行为意向和顾客忠诚的前因变量（Cronin et al.，2000；Dodds et al.，1991）。因此，顾客价值不仅会对顾客忠诚具有直接积极影响，还存在中介作用（Lemon et al.，2001）。Yang 和 Peterson（2004）以 Web 在线服务用户为例，探讨了转换成本在顾客价值和满意度方面对顾客忠诚的调节作用，结果表明，企业要想争取具有忠诚度的顾客，首先应当重视顾客满意度和感知价值。同时，转换成本对顾客满意、感知价值与顾客忠诚存在调节作用，值得注意的是，只有当顾客满意度或感知价值高于平均水平时，调节作用才显著。Moliner（2009）以健康服务业为研究对象，发现感知价值对顾客满意和顾客信任具有显著正向影响，同时，顾客满意和顾客信任是忠诚的重要前因变量。Verma 等（2012）在构建服务感知价值量表的基础上，以印度零售银行业为研究对象，分别探讨了功能价值、经济价值、售后价值和认知价值对品牌态度忠诚的影响，有助于帮助企业了解消费者心理后，再进行产品提供。Mahmoodzadeh（2015）以伊朗比尔詹德市国家公园游客为研究对象，利用结构方程模型实证检验了品牌体验、服务质量和感知价值对国家公园品牌忠诚的影响，结果发现，感知价值通过品牌信任中介效应间接影响品牌忠诚。

2.2.2 顾客满意理论

1. 顾客满意内涵

Oliver（1980）指出，顾客满意涉及购前期望和差距两个认知变量。Oliver（1981）认为，顾客满意是基于产品或服务的情感反应。Oliver（1997）随后又指出，顾客满意是顾客对产品或服务满足需要的程度。Fornell（1992）认为，顾客满意是顾客对产品或服务累积性的购买经验评价。Oliver 和 Desarbo（1988）指出，顾客满意主要基于顾客期望和顾客体验之间的比较而形成。由此可见，对顾客满意内涵的分析具有典型的主观性。这种主观判断具有明显的认知性和情绪性，前者说明顾客满意是顾客通过比较顾客期望与实际感知而来；后者说明情感经历会影响顾客做出上述比较。

2. 顾客满意形成机制

Oliver（1980）首先提出两阶段期望-差距模型，第一阶段是顾客期望形成阶段，第二阶段是顾客期望与消费体验之间的差距比较。Parasuraman 等（1985）在 Oliver（1980）的基础上提出了顾客感知质量的概念，用以衡量顾客期望与消费体验之间的差距，若感知质量高，则说明顾客会产生满意，反之则反。Woodruff（1997）基于顾客价值层次，提出了基于目标的满意、基于结果的满意和基于属性的满意三种满意层次。

3. 顾客满意前因结果

许多实证研究表明，对消费者服务而言，满意是品牌忠诚的一个前因（Pritchard et al.，1999）。当消费者对某一产品或服务满意时，就会倾向于再次或重复购买。这将会导致一种顾客的连续行为。此类研究考虑将顾客满意作为引起顾客连续行为的一个决定构念（Garbarino and Johnson，1999）。有研究也表明，品牌满意与重复购买意向和推荐强烈相关（Kandampully and Suhartanto，2000）。Oliver（1980）所提出的期望不一致理论是对顾客满意进行概念界定的理论基础，他提出顾客满意水平取决于期望和感知绩效之间的差异结果。Zeithaml等（1996）指出，顾客满意水平依赖于供应商满足顾客期望的能力。Tabaku和Kushi（2013）指出，鉴于对顾客满意的多种测度和解释，至今学术界对顾客满意的定义并未达成共识。他们认为，顾客满意是一种不同强度的情感反应，并发生在特定的非连续时间。以往购买经历中的满意水平会决定将来的购买行为（Pritchard et al.，1999）。多项研究表明，顾客满意积极影响顾客忠诚（Bowen and Shoemaker，1998）。实证研究确认，满意会强烈影响忠诚意向，如推荐意愿和重购意向（Kandampully and Suhartanto，2000）。

顾客满意是顾客忠诚的必要条件，但满意的顾客并不一定成为忠诚的顾客。也有部分研究认为，满意是忠诚的一个必要但非充分条件。这是因为当其他服务供应商能够提供更好的产品价值和质量时，满意的顾客也会转换服务供应商（Russell-Bennett and Rundle-Thiele，2004）。顾客忠诚不同于顾客满意，服务供应商可以获得没有忠诚的顾客满意，但很难赢得没有满意的顾客忠诚（Shoemaker and Lewis，1999）。根据上述内容，忠诚并不只是满意的简单延伸。许多研究仅是对顾客满意与顾客忠诚之间的直接关系进行检验（Oh，1999），由此可能会导致不同的结果，所以有必要在不同的服务业去探讨顾客满意与顾客忠诚之间的间接关系。

2.2.3 顾客品牌信任理论

1. 顾客信任的概念

既有研究讨论了顾客信任在决策制定、关系建立和承诺中的重要性（Nooteboom et al.，1997；Garbarino and Johnson，1999；Urban et al.，2000）。

顾客信任在企业与顾客双方信息不断获取与反馈过程中积累形成，是一种头脑中理性认知的过程（Doney and Cannon，1997）。在顾客信任形成过程中，顾客价值是顾客信任形成的重要基础。没有顾客价值，顾客信任便失去了价值基础。不同学者对顾客信任做出了不同界定。Moorman 等（1992）指出，信任是顾客对交易对象具有信心并认为其可依赖的意愿。Garbarino 和 Johnson（1999）认为，顾客信任是顾客对企业产品或服务的质量和可靠程度的信心；Ribbink 等（2004）认为信任是顾客对交易的信任程度，是基于顾客对服务的性能和可靠性的判断。Sirdeshmukh 等（2002）认为，顾客信任是顾客可以依赖组织传递给他们承诺的期望。

2. 顾客信任结果影响

Flavián 等（2006）对网站用户的感知可用性、用户信任和网站忠诚进行了研究，并发现用户的感知可用性会正向增加用户信任，进而会提高用户对网站的忠诚程度。Alhabeeb（2007）研究了顾客信任和产品忠诚之间的动态关系，并探讨了顾客信任对产品忠诚的影响机制。Hong 和 Cho（2011）以韩国电子商务用户为研究对象，研究发现，顾客信任对态度忠诚和购买意愿具有显著影响。Sirdeshmukh 等（2002）对零售业环境中关系互动中的顾客信任、价值和忠诚进行了实证检验，研究表明，价值在顾客信任对忠诚的影响中具有完全中介效应。Casaló 等（2007）以虚拟品牌社区为例，通过研究发现虚拟品牌社区参与消费者信任对其忠诚度具有显著的积极影响。Moliner（2013）以西班牙制造业和旅游业为例，研究发现，为了获得顾客的忠诚，有必要实现他/她的满意度。在所有交易中，供应商必须注意顾客的信任和承诺。由此可见，顾客信任是顾客忠诚的重要解释变量，顾客信任可以显著影响顾客忠诚。

3. 品牌信任

Delgado-Ballester 和 Munuera-Alemán（2001）将品牌信任定义为当顾客面临风险时，其对品牌可靠性的信心期望。品牌信任普遍被认同是影响顾客品牌忠诚的一个重要因素。Zboja 和 Voorhees（2006）研究发现，品牌信任和满意度对顾客产生重购意愿具有显著积极影响。Chaudhuri 和 Holbrook（2001）检验了品牌信任对品牌忠诚两个维度，即购买忠诚和态度忠诚的影响，结果显示，品牌信任对购买忠诚和态度忠诚具有显著积极影响，而购买忠诚和态度忠诚又分别会引起较高的市场份额和相对价格。Delgado-Ballester 和 Munuera-Alemán（2001）指出，既有研究在探讨信任对满意度和忠诚度的影响时，基本都忽略了品牌与顾客的关系，研究表明，品牌信任对形成顾客忠诚具有关键作用。Mohammad（2012）以安曼（Amman）女性洗发水消费者为研究对象，发现感知价值可以增强顾客品牌信任，进而会积极影响品牌忠诚。Hanzaee 和 Andervazh（2012）研究发现，顾客感知价值中享乐性和功利性价值会对品牌信任产生重要作用，进而影响顾客品牌忠诚。Minarti 和 Segoro（2014）以印度尼西亚雅加达附近的移动运营客户为研究对象，采用多元回归分析方法，研究发现顾客满意、转换成本和品牌信任均会显著影响顾客忠诚。

由此可见，顾客品牌信任内涵于顾客信任范畴。具体来讲，顾客品牌信任主要表达出在不确定环境中顾客对品牌性产品或服务品质的信任，而顾客信任指顾客对产品或服务交易整个过程产生的信任感。顾客品牌信任核心指向在于顾客对品牌可靠性的信任及情感依赖关系。同时，顾客品牌信任也自然被认为是顾客品牌忠诚的一个重要解释变量。

2.2.4 品牌转换成本理论

1. 转换成本的内涵

转换成本是决定顾客对品牌是否忠诚的一个标志性因素。一般情况下，不满意的顾客之所以并未立即更换对品牌的购买行为，主要是因为转换成本在其中起着非常重要的调节作用。具体而言，当品牌转换成本较高时，顾客转换品牌供应商的概率就较小；反之则反。转换成本概念的探讨滥觞于 Porter（1980），主要是指顾客因转换产品或服务供应商而引发的一次性交易成本。Johnson（1996）则指出，转换成本包括顾客转换品牌供应商时所必须承担的心理成本和物质成本。如果顾客从一个企业转向另一个企业，可能会损失大量的时间、精力、金钱和关系，那么即使他们对企业的服务不是完全满意，也会三思而行。因此，转换成本可被看作阻止顾客脱离企业服务关系的一种障碍（Maute and Forrester，1993）。Fornell（1992）认为，转换成本是顾客转换品牌供应商时所能感知到的经济风险、心理风险和社会风险，这些成本很少被着重提及，但当顾客转换品牌时，则被视为维系顾客关系的重要渠道，也是保持顾客忠诚的重要因素。Heide 和 Weiss（1995）把转换成本定义为顾客从一家供应商转换到另一家供应商所付出的成本，还包括由于停止当前关系而导致的忠诚利益的损失。

2. 转换成本的调节作用

顾客转换成本是决定顾客忠诚的重要因素，因此，对于顾客转换成本的研究，主要聚焦于顾客转换成本与顾客满意、顾客忠诚与重复购买等相关变量的关系上。诸多学者对于转换成本具有一致认识，即顾客转换成本通过调节顾客满意与顾客忠诚的关系来影响两者间的转化过程。质言之，顾客满意是形成顾客忠诚的解释变量，转换成本在顾客满意影响顾客忠诚的路径上起到调节作用。

Anderson 和 Sullivan（1993）发现在银行业中，顾客的转换成本与顾客感知满意度的敏感度之间存在反向关系。Hauser 和 Wernerfelt（1994）研究发现，随着顾客转换成本的提高，顾客对满意度的敏感度会降低。Kim 等（2004）通过对韩国移动通信行业的研究发现，电信运营商必须在使顾客满意的同时使转换成本最大化，这样才能促进顾客忠诚，进而表明转换成本和顾客满意一样，是促进顾客忠诚的重要因素之一。Yang 和 Peterson（2004）以电子业为例的研究发现，顾客忠诚主要取决于顾客满意和感知价值，转换成本只有在顾客满意和感知价值在平均水平以上时才影响顾客忠诚。Ibáñez 等（2006）以能源市场为例的研究发现，转换成本对顾客满意影响顾客忠诚的过程具有显著的调节作用。Minarti 和 Segoro（2014）以印度尼西亚青少年移动用户为研究对象，结果表明，顾客满意和转换成本对顾客忠诚度有显著影响。

2.3 品牌忠诚影响机制在旅游研究中的应用

2.3.1 游客感知价值

Jamal 等（2011）以社区家庭旅游为研究对象，结果显示，功能价值（设施、价格）、体验价值（主客互动，活动、文化和知识）和情感价值是社区家庭游客感知价值的重要因素，政府和供应商应重视这些价值维度，进而提升游客的整体感知价值。

Gallarza 和 Gil-Saura（2006）以大学生旅游者行为为案例，在探讨与旅游相关的背景下消费者的价值维度的基础上，进一步实证检验了消费者感知构建，诸如感知价值、满意度和忠诚度之间的关系，结果显示，存在质量→价值→满意度→忠诚度链条关系，并且阐明了对旅游体验具有高度敏感性的价值维度的复杂性。Chen 和 Tsai（2008）揭示了电视旅游产品购物的消费者行为，特别是探讨了电视购物消费者的感知价值、满意度和忠诚度之间的关系，研究发现，感知价值，而非满意度对忠诚度的影响得以验证支持。Yi 等（2014）探讨了亚洲邮轮旅客旅游体验的感知价值及其对满意度和行为意向的影响，为了衡量亚洲邮轮旅客的多维感知价值，采用认知-情感感知价值模型，统计结果表明，亚洲邮轮旅客有四个子维度的认知感知价值：设施、食品和饮料（餐饮）、娱乐和员工。此外，邮轮旅游体验的感知价值会影响旅游满意度和旅游者的行为意向。

2.3.2 游客满意度

20 世纪七八十年代以来，随着游客可支配收入和闲暇时间增多，以及市场竞争加剧和人们消费观念增强，如何提升游客满意度成为旅游目的地增强竞争力的关键。游客满意度形成机制亦然建立在期望差异理论基础上。Pizam（1978）首次对旅游目的地游客满意度进行了理论探索，并奠定了该领域研究的理论基础，同时指出游客满意度是游客对目的地的旅游期望和实际体验之间相互比较的结果，若实际体验高于游客期望，游客是满意的；反之，游客则不满意。Beard 和 Ragheb（1980）同样认为，游客满意来源于游客期望与实际体验之间的比较，若后者超过前者，游客就会产生满意。Tribe 和 Snaith（1998）指出，游客满意度是游客在旅行过程中，实际体验满足其自身旅游期望和需求的程度。Baker 和 Crompton（2000）提出，游客满意度是指游客在购买旅游产品后，游客对旅游目的地的景观、设施、娱乐和接待服务等方面满足其旅游体验需求程度的综合评价。综上而言，游客满意度是游客期望与实际体验之间比较的结果，是一种主观心理，即游客根据其期望是否被满足而对旅游目的地做出的综合评价。

近年来，关于感知价值对游客满意度的影响逐渐引起诸多学者的关注（Kashyap and Bojanic，2000；Murphy et al.，2000；Oh，1999；Petrick，2004）。Woodruff（1997）认为，在对游客满意度进行研究时应将感知价值考虑在内。Parasuraman 和 Grewal（2000）指出，感知价值既会影响游客行为，也会影响游客满意度。Lee 等（2007）认为，感知价值显著影响游客满意度。Ho 等（2010）以中国台湾旅游者为例，实证检验了游客涉入程度、感知价值、满意度和购买行为之间的关系，研究表明，感知价值会对满意度产生正面影响。Lee 等（2016）以新加坡唐人街遗产旅游为例，研究发现，感知货币价值会对游客满意度产生显著影响。Lertwannawit 和 Gulid（2014）研究了泰国曼谷、芭堤雅旅游目的地游客满意度、游客信任和转换障碍对目的地游客忠诚的影响，研究表明，游客满意度、游客信任和转换障碍均对目的地保持游客忠诚具有显著积极影响。Lee 等（2011）以在韩国的中国游客为例，对旅游期望、旅游动机、旅游质量、游客满意度、旅游投诉和游客忠诚度之间的因果关系进行实证检验，研究发现，游客满意度与游客忠诚度之间存在正相关关系。因此，就游客满意度与游客忠诚度之间的关系而言，既有文献基本达成共识，即游客满意度对目的地忠诚度具有显著的积极影响（Jamaludin et al.，2012；Çoban，2012；Rajesh，2013）。

综上而言，游客满意度形成机制逐渐清晰，即期望差异理论是游客对目的地旅游产生满意度的基本内涵。另外两个基本共识是，游客感知价值会影响满意度，游客满意度则会显著积极影响游客忠诚度。但是，在既有文献中，关于游客满意度与游客信任之间关系的研究却鲜有涉及，游客信任作为游客满意度影响忠诚度的重要渠道具有非常重要的潜在中介效应。因此，为了进一步充实游客满意度影响忠诚度的相关文献，需要进一步将游客信任纳入此类研究中。

2.3.3 游客信任

旅游产品作为服务的一种类型，因其无形性、生产与消费的不可分割性，进一步凸显出旅游企业必须维系和建设顾客关系的重要性（Bendapudi and Berry，1997；McCole，2001）。随着卖方市场的竞争加剧，顾客转换成本降低，旅游企业为了获取边际竞争优势，逐渐开始将关系营销作为企业的一种竞争战略工具。正如 Reichheld 和 Schefter（2000）所说的，“要想赢得顾客的忠诚，你必须首先赢得他们的信任”。由于旅游产品内在所具有的无形性，旅游者在产品购买过程中面临着一定的风险和不确定性，所以非常有必要在旅游业产业环境中纳入对信任的研究（Singh and Sirdeshmukh，2000）。信任在旅游研究中的应用主要体现在酒店、旅游供应商或旅行社、旅游景区和航空公司等方面（Lovell，2009；Álvarez et al.，2009；Zillifro and Morais，2004；Forgas et al.，2010）。例如，Choi 等（2016）认为，游客对目的地的旅游产品购买行为所面临的风险表示担忧，所以目的地建立游客信任机制，可以在不确定情况下降低产品购买的复杂性。Emeksiz 和 Pesämaa（2009）以土耳其中小旅游企业为研究对象，主要研究了在其合作过程中信任与忠诚度之间的关系，结果表明，信任显著影响忠诚度，进而影响协作培育。Kim 等（2012）实证检验了顾客在线旅游购物过程中感知安全性、网站属性、信任和忠诚度之间的关系，研究发现，感知安全性和网站属性显著影响顾客信任，进而影响其对网站的忠诚度。Osman 和 Sentosa（2013）以马来西亚乡村旅游为例，研究发现，游客信任在游客满意度对忠诚度的影响过程中具有中介作用，即游客满意度通过影响游客信任来影响游客忠诚度。Loureiro 和 González（2008）以乡村旅游为例，实证检验了形象、质量、满意度、信任和忠诚度之间的关系，研究证实，游客信任对保持目的地游客忠诚度具有积极影响。Kaushik 等（2015）以酒店业顾客采用自助服务技术为例，研究发现，顾客信任对顾客行为意向具有显著影响。

2.3.4 游客转换成本

游客转换成本在旅游研究中的应用，目前主要集中在酒店业或旅行社研究领域（Willis et al.，2010；Han et al.，2011；Xie et al.，2015），而在旅游景区研究中却鲜有提及。按照旅游产业形成演变史，酒店业市场化程度在旅游产业细分行业中最高，最先进入买方市场，导致酒店经营主体首先关注顾客转换成本对其企业忠诚度的影响，学术界也因此首先对酒店研究领域中的顾客转换成本在满意度与忠诚度之间关系中的调节作用进行了重点研究。然而，随着我国旅游业市场化程度的逐渐提升，继酒店业之后，旅游景区随着体制机制改革的逐渐深入，尤其是在我国自然旅游景区仍居主导的产品开发模式下，旅游景区之间的竞争渐入白热化，尤其是同质化竞争严重，过去由旅游资源开发不足导致的景区卖方市场逐渐转入游客占主导的买方市场。所以在此背景下，学术界应当开始转入对旅游景区游客转换成本的研究，从游客角度出发，找到切实可行的提升景区品牌忠诚度的针对性举措。

通过文献搜索可知，游客转换成本在旅游景区中的应用研究乏善可陈。仅有的关于游客信任的文献如 Riley 等（2001）对旅游研究领域中的游客忠诚进行了详尽研究，重点指出游客转换成本是其转变旅游景区的重要原因。Gratzer 和 Winiwarter（2003）指出，信息技术的应用降低了游客转换成本，进而加剧了旅游景区之间的竞争强度。从中不难发现，仅有的文献仅是从理论上阐释游客信任对提升旅游景区忠诚度的影响，并未从实证上将游客信任纳入游客忠诚度的研究框架，从而忽略了游客忠诚度及游客满意度因素影响景区忠诚度的重要中介机制。

2.4 湿地生态旅游研究

生态旅游因对环境保护和经济发展具有重要贡献（Ross and Wall，1999）而成为旅游业发展所关注的焦点（Weaver and Lawton，2007），并被认为是拥有较高旅游资源禀赋的地区在旅游发展过程中的一种有效的可持续发展方式（Weaver，2001）。湿地生态旅游的研究最早可以追溯到 Ceballos-Lascurain（1987）对多种类型的生态旅游进行分类并界定的时期。直到 2000 年，随着生态旅游活动的快速发展，湿地生态旅游作为生态旅游的一种特殊形式开始受到关注，研究重点在于旅游活动对湿地生态环境影响的定性描述分析方面。2000 年之后，随着全球对湿地生态价值的愈发重视，尤其是湿地作为一种特殊的旅游资源被认同，湿地生态旅游迎来了大发展。

Campbell 和 Ogden（1999）首次将可持续发展理念融入湿地生态与旅游活动的关系研究中，并对美国达拉斯市费尔公园潟湖等湿地公园的生态旅游活动和公园管理规划进行了系统研究。Van der Duim 和 Henkens（2007）认为，湿地和旅游存在紧密联系，一方面，旅游需要湿地，湿地提供了旅游所必需的资源吸引力；另一方面，湿地需要旅游，旅游业可为湿地保护提供资金保障。Silvius 等（2000）认为，生态旅游作为湿地开发的新方式，不仅可以实现对湿地生态环境的积极保护，还可以对旅游者展开生态环境教育，以推动生态文明建设。综合来看，国外对湿地生态旅游的研究主要集中在湿地生态旅游与环境保护（Baldwin，2000）、湿地生态旅游与减少贫困（Trakolis，2001）等方面。

国内湿地生态旅游是个崭新的研究领域，主要集中在湿地生态旅游开发分析与评价、湿地生态旅游开发模式、湿地生态旅游开发的功能区划、湿地生态旅游开发中的文化要素、湿地生态旅游开发中的景观格局、湿地生态旅游开发中的可持续性发展及湿地公园生态旅游研究。例如，张春丽等（2007）运用重点视角关注分析方法对湿地价值构成、湿地生态旅游开发规模和湿地生态旅游管理模式进行了分析，并对扎龙湿地生态旅游开发进行了实证研究。国内一般将湿地生态旅游开发模式分为常规路径型开发模式（李万莲，2007）、指标定位型开发模式（徐菲菲等，2005）、系统拓展型开发模式（张春丽等，2007）、社区参与型开发模式（王媛，2006）和可持续型开发模式（黄震方等，2007）。刘加凤等（2007）指出，在湿地旅游区整体布局上，要合理制定旅游功能分区，并将盐城滨海湿地明确划分为核心区、缓冲区和试验区。王保忠等（2005）认为，南洞庭湖湿地具有生态历史文化、艺术审美、科学考古等生态旅游价值，并指出生态旅游是湿地文化遗产可持续开发的最佳选择，同时制订了相应的湿地文化遗产生态旅游对策。李敏（2002）提出了目平湖湿地自然保护区生态旅游景观规划的理论与方法。鲁铭和龚胜生（2002）探讨了基于可持续发展的湿地生态旅游，针对湿地生态旅游可持续发展面临的难题提出了相关对策。

湿地公园是一种以湿地为主要资源特色的生态型公园，具有生态、景观、游憩、科普教育和文化等多种功能。陈久和（2006）剖析了杭州西溪国家湿地公园生态旅游景观的绿色设计。李睿和戎良（2007）对杭州西溪国家湿地公园的旅游环境容量进行了测算。Wang 等（2012）以西溪国家湿地公园为例，利用结构方程模型分析，对湿地公园的服务质量、旅游体验和重游意图三者之间的关系进行了实证检验，结果发现，旅游体验对服务质量和重游意图之间的关系具有调节作用。

2.5 整 体 评 价

本章首先对本书所涉及的相关变量进行了国内外文献系统性述评，尽管围绕诸如顾客价值、顾客满意、转换成本和品牌忠诚等在管理学领域较为常见的构念研究已相对成熟，并且相应理论内涵内容充实，然而在旅游学研究中，涉及游客（旅游主体）与旅游目的地（旅游客体）互动关系的研究，尤其是聚焦于游客感知价值对旅游景区品牌忠诚的影响领域，当前仍鲜有研究涉及，这一点显然与我国旅游景区所迫切进行的游客管理并不相符（王成超等，2017）。原因在于，随着我国旅游业蓬勃发展，当前旅游市场由以往的卖方市场逐渐向买方市场转变，旅游景区企业之间的市场竞争愈加激烈。从整体上讲，景区企业旅游产品供给速度逐渐滞后于旅游市场需求变化的速度。更重要的是，为了进一步提升旅游景区企业管理效率，游客管理成为关键环节。所以，研究游客感知价值对旅游景区品牌忠诚的影响机制，为旅游景区企业进一步实施游客管理举措提供了可靠的理论和实践参考依据。

进入 21 世纪，随着湿地生态价值愈发得到重视，随之兴起的湿地生态旅游活动愈发频繁，进而与其相关的湿地生态旅游研究内容开始不断丰富。通过对有关国内外湿地生态旅游研究内容进行整理可知，鉴于湿地生态旅游活动整体开展较晚，相关学术研究基本处于起步阶段。现阶段，湿地生态旅游研究方法仍过于单一，以定性分析为主，并结合一部分简单的量化分析手段对湿地生态旅游规划开发和可持续性发展方面进行研究。但是，随着湿地生态旅游活动日益受到市场青睐，湿地生态旅游景区的游客管理和品牌建设成为新的关注热点，对整个生态旅游的发展具有重要的启示意义。

需要注意的是，传统自然资源依托型旅游景区管理日益暴露出问题，不仅表现在旅游景区品牌建设意识淡薄，而且游客管理基本缺失。与此同时，生态属性作为旅游景区的核心吸引力和竞争力，始终是目的地或景区“拉动”游客的关键因素，同时也是旅游景区产品内涵的质量保证。当前，随着旅游客源市场对于生态旅游产品的诉求旺盛，生态旅游产品成为受旅游市场青睐的细分旅游产品。此外，国家多个相关旅游产业政策表明，大力发展生态旅游是今后我国旅游业发展的主要趋势，这也为本书的研究内容提供了政策指向（钟林生等，2016；张洪等，2017）。虽然生态旅游景区相继开发运营，但是其经营模式仍停留在对资源生态内涵经济属性的过度消费利用层面，管理思维仍与普通旅游景区无异。因此，对于生态旅游景区而言，摆脱单纯资源导向的开发模式，依托品牌资产驱动，是提升生态旅游景区发展质量的根本途径。

具体理论研究层面，通过文献梳理发现，有关生态旅游景区管理方面的研究并不缺乏，但少有文献从游客视角来探讨生态旅游景区的管理问题，如果进一步突出游客感知价值对生态旅游景区品牌的忠诚问题，更是尚无文献涉及（王金叶和时昭，2016）。在管理学领域中，为顾客创造价值是企业赢得忠诚顾客的关键，也是企业实施品牌战略的核心。然而，具体到旅游景区企业而言，采取以游客为导向的经营战略，对于旅游景区，尤其是脆弱性更为明显的生态旅游景区而言至关重要（王道阳和乔永强，2016；蔡建刚，2015）。究其原因，是因为旅游产品具有无形性、生产与消费同步性、易逝性等特点，以需求为导向是此类服务业发展的主导模式。然而遗憾的是，当前对生态旅游景区管理的研究主要从政府视角出发，忽视了游客感知价值才是提升生态旅游景区管理质量和效率的根本内容。

尽管如此，既有文献为本书研究提供了重要的可鉴基础。例如，顾客感知价值、品牌满意度与品牌忠诚度之间关系的研究，显然为本书研究游客感知价值对游客品牌满意度和品牌忠诚度的影响提供了重要的参考内容。然而，鲜有文献涉及游客信任在游客感知价值对旅游景区品牌忠诚度影响机制的研究，这同样值得关注。旅游产品作为服务产品的一种，由于其具有无形性、生产与消费同步性，旅游产品购前风险较大，游客对未来旅游产品或服务的风险或不确定性感知较敏感，所以在研究游客对生态旅游景区品牌忠诚度的影响机制中，信任因素是必须考虑的重要构念，也是影响路径中非常重要的中介变量。此外，在有关探讨顾客品牌忠诚度前置因素的相关文献中，顾客转换成本是影响顾客品牌忠诚的一个非常重要的因素，主要在顾客品牌忠诚影响路径中起着调节作用。据此延伸，一方面，鉴于当前我国生态旅游景区产品竞争日益同质化；另一方面，游客对于生态旅游产品选择愈发理性化，进而共同决定了在研究游客感知价值对生态旅游景区品牌忠诚影响的逻辑框架中，更不能忽视游客转换成本的调节作用，这直接关系到生态旅游景区能否赢得游客忠诚，以及能否有效地实施景区品牌经营战略。

一言以蔽之，从生态经济学或者生态管理学方法论角度切入生态旅游景区品牌管理领域，尤其是探索和检验生态旅游者感知价值对旅游景区品牌忠诚的影响机制，不仅是对既有国内外旅游学研究文献的拓展和补充，也为生态旅游景区经营企业改变和重视游客管理提供实施依据。究其原因，一方面，有关游客信任和游客转换成本在游客感知价值与生态旅游景区品牌满意度和忠诚度关系链中的中介和调节作用的研究尚未出现，仅在酒店业或者旅游行业可以零星地单独看到关于游客信任或者游客转换成本在游客忠诚度形成机制中的相应作用，但遗憾的是，并未将两者同时纳入上述机制中；另一方面，尽管对旅游景区品牌化的相关研究已初见端倪，但对于生态旅游景区品牌的研究极为薄弱，本书的研究内容进一步充实了旅游景区游客管理和旅游景区品牌管理方面的研究文献，尤其填补了关于生态旅游景区游客管理和品牌管理的研究空白，并为今后生态旅游景区管理研究奠定了基础。

第 3 章　研究区域概况

3.1　自然地理禀赋

3.1.1　区域位置

西溪国家湿地公园位于杭州市城区西部，120° 02′ ～120° 16′ E，30° 15′ ～ 30° 17′ N，东起紫金港路西侧，西至杭州绕城高速东侧，南起沿山河，北至文二路延伸段。天目山路、文三路、文一路、外环公路均可直达，距市中心点武林门仅 6 千米。区内水网密布，洲岛有 800 多个，西部有天目山脉，北连余杭塘河、京杭大运河，通太湖水系，经市政水利改造工程后与西湖、钱塘江贯通循环。西溪，古称河渚，“曲水弯环，群山四绕，名园古刹，前后踵接，又多芦汀沙溆”。历史上的西溪占地约 60 平方千米，现实施保护的西溪湿地总面积约为 11.5 平方千米，分为东部湿地生态保护培育区、中部湿地生态旅游休闲区和西部湿地生态景观封育区。

西溪国家湿地公园是国家林业局（现国家林业和草原局）第一个湿地公园试点，于国内开园最早，其景观、区位和发展在我国都有一定代表性。西溪国家湿地公园是罕见的城中次生湿地，是目前国内第一个，也是唯一的集城市湿地、农耕湿地、文化湿地于一体的国家湿地公园。2003 年 8 月，西溪湿地综合保护工程正式启动。2009 年 7 月，西溪国家湿地公园成功列入国际重要湿地名录。2012 年 1 月，杭州西溪国家湿地公园被正式授予“国家 AAAAA 级旅游景区”称号。

3.1.2　地理条件

在地质地貌方面，在四五千年前，西溪的低湿之地，如受天目山春夏洪水的冲流，此处被淹没便成了湖泊，而干旱之时，湿地也就出现。根据湿地随隐随现的现象，可以把它当时所处阶段称为雏形阶段。从东汉熹平元年（172 年）建造南漳湖算起，历经了汉晋始起、唐宋发展、明清全盛、民国衰落四个演变阶段，在近 1800 年的人为干预和自然演化中，西溪湿地从原始的原生态湿地演变为次生态湿地。

西溪国家湿地公园河流总长100多千米，约70%的面积为河港、池塘、湖漾、沼泽等水域，其间水道如巷、河汊如网，鱼塘栉比、诸岛棋布；陆地绿化率在85%以上，土壤主要有红壤、岩性土和水稻土三个土类，其中以红壤和水稻土分布最为广泛。

在气候条件方面，西溪国家湿地公园属亚热带季风气候，年平均气温为15.17℃，年平均相对湿度为78%，年平均降水量为1399毫米，气候温和，雨量充沛，日照时间较长，四季分明。

在土壤条件方面，西溪国家湿地公园内土壤类型主要为水稻土、沼泽土，以及由开辟圩田、疏浚河道而人为堆积的堆叠土。堆叠土利用区主要开辟了果园（柿园）、竹林和菜畦等，河漫滩湿地则生长有芦苇（*Phragmites australis*）。

在水文条件方面，西溪国家湿地公园地处亚热带季风气候区北缘，四季分明，光照充足，雨量充沛，兼具涵养水源、净化水质、调蓄洪水、美化环境、调节气候等生态功能。其上承山区性河流沿山河西段上游闲林港的部分山水和上埠河、东穆坞溪，以及北高峰、龙门山北麓之水；下泄主要经余杭塘河、沿山河汇入京杭运河。区域内主要南北向的河道有五常港、蒋村港、紫金港等，东西向的主要有沿山河、严家港、余杭塘河等。

3.1.3　动植物资源

在植物资源方面，西溪国家湿地公园内分布有维管束植物85科182属221种、浮游植物7门，6个植被型组。其中，蕨类植物8科9属9种，裸子植物4科5属5种，被子植物73科168属207种。以禾本科、菊科、豆科和蔷薇科为主。水生植物有芦、菱、萍、莲等，两岸栽植的植物有柿、柳、樟、竹、桑、李、桃、榆、鹅掌楸、连香树、枫杨、木槿等。其中桑、竹、柳、樟、莲等乡土植物在湿地区域内的种植历史较长，尤以芦苇、荻、柿、梅最具种植规模和景观特色。

在动物资源方面，湿地内动物资源也极其丰富，其中有白鹭、灰鹭、白额雁、绿头鸭、翠鸟等湿地鸟类、平原鸟类、山地鸟类、农田鸟类和城郊鸟类共 12 目 26 科 89 种，占杭州鸟类总数的近 50%；发现兽类有食虫目、翼手目、啮齿目 3 目 6 科；爬行类有龟鳖目、蜥蜴目和蛇目 3 目 6 科；而鲤鱼、鲫鱼、鳊鱼、鳙鱼、青鱼、草鱼、鳜鱼、黄翅鱼等各种鱼类更是具西溪地方特色的水乡物产。

3.2　历史地理演变

3.2.1　地理形成

西溪湿地是西溪河流经留下一古荡段两岸的一片水网平原，属河流兼沼泽型湿地。西溪湿地是在千余年人类渔耕经济的作用下逐渐演变成的次生湿地，它以鱼塘为主，并由部分河港湖漾及狭窄的塘基和面积较大的河渚相间组成。区内河网密布，湖泊众多，水面率高达 50%。湿地南倚缓丘山峦，北毗水网平原，周围村庄、桑田等高出水面 1～1.5 米。

西溪湿地在地质单元上属于三墩凹陷，下伏白垩系（距今约 1.35 亿年）杂色砂岩，上覆厚 40～50 米的第四系（距今约 160 万年）亚砂土和亚黏土。第四系上部 25 米厚的亚黏土属全新统（距今约 1 万年），是浙北地区经二次海侵海退交复作用形成的。全新统上层为 5～6 米厚的亚黏土夹黏土层，含腐泥和不连续泥炭层，由于全新世中晚期（距今约 3500 年）钱塘江河口堆积平原已经形成，东苕溪等水系在地质凹陷区排泄不畅而冲积、湖积、沼积而形成西溪湿地。在第四纪地质作用下，西溪湿地逐渐演化为河流纵横、具有生物活性的沼泽平原。

3.2.2　历史演变

据文献记载，西溪湿地的利用和开发至少在东汉以前，自吴越钱氏称藩两浙、建都杭州促使其全面人工化的历史也有 1100 多年。汉晋隋时期（173～618 年）为西溪湿地的形成期。东汉熹平二年（173 年），余杭县令陈浑在东苕溪筑堤蓄水，建成了南漳湖水库，为西溪的形成和发展奠定了基础。唐宋时期（618～1279 年）为西溪湿地的发展期。这一时期不仅在西溪南岸的青山翠谷间建造更多的寺庙庵堂，在山上建亭，在山下凿井，开辟“辇道”。明清时期（1368～1911 年）为西溪湿地的全盛时期。明代，除了维修宋时景观，使古刹增辉，还修筑了名庵、名园等不少人文景观，开发了很多人文与自然相结合的新景观。其中较著名的有“福胜梅花”和“河渚芦花”，且成为西溪湿地两绝。民国时期（1912～1949 年）为西溪湿地的衰落期。这一时期，列强入侵、军阀混战，民生凋敝；西溪的许多名园古刹年久失修，相继倒塌；自然景观丧失，只有野趣尚存。西溪湿地主要因自然因素的作用而形成，但其兴废都伴随着人工化过程。

3.2.3　生态规划

按照《杭州市西溪湿地综合保护工程（2003—2009）》要求，西溪湿地综合保护与建设三期组织实施。整个西溪湿地的一、二、三期工程建设时间为 5 年左右。

第一期综合保护工程主要对核心区块实施保护和利用，范围为秋雪庵保护区及曲水庵保护区，2005 年 5 月 1 日前完成。一是划定生态保护、生态恢复和历史遗存三个保护区块，并将西溪湿地中生态环境较好、最精华、最具湿地特色的区块实行相对封闭保护。二是营造大水面、浅滩、沼泽和水草地，在可控范围内栽种水生植物 1 万多平方米。三是优化植被配置，利用大量的乡土树种进行植被恢复。四是在农田、养殖场及树林、院落、花园、绿地上设置人工鸟巢等设施，吸引鸟类的栖息，再现群鸟欢飞景观。五是改善水质。在实施区域水源污染监测的基础上，从疏浚、截污、配水、生物治理四个方面入手，改善西溪湿地水体环境和水体质量。六是结合科普教育，建设周家村湿地科普展示馆及深潭口生态处理系统。七是采取“有限进入”的办法，限制游客流量，降低人为污染。

第二期综合保护工程面积为 4.89 平方千米，总投资金额为 36.3 亿元人民币，时间为 2006 年 5 月启动，到 2007 年底完成，主要对外围保护地带实施整治，重点是对西溪湿地内及花蒋路两侧农居的拆迁和环境整治，营造良好的湿地农（渔）耕生态环境，恢复西溪湿地的历史及民俗文化景点，建立与生态旅游相适应的配套服务设施。

第三期综合保护工程面积为 3.15 平方千米，主要在生态保护保育区及自然景观游览区区块，实施时间为 2007～2008 年，投资金额为 30 亿元人民币。

整个三期工程规划目标概括为一带、两片、多点。“一带”是指以五常港为中心，渗透至规划地块内部的自然景观带。“两片”是指以五常港为轴，分为西片和东片。西片为重点体现水乡风情、五常文化的“水乡溯源”，东片为重点体现农耕、渔耕文化的“河渚觅渡”。“多点”是指在西片范围内建设展示五常风情的五常民俗文化村、龙舟竞渡、观音庵等多个景点及旅游服务点。

3.2.4 景观格局

西溪国家湿地公园景观格局主要分四个村落。西溪五常民俗文化村，面积为 2.5 万平方米，位于荆源路与绕城辅道交会处，设民俗馆、戏台、擂台、五常兵器陈列、武术表演等反映五常文化的特色内容和洪氏家族文化。景点有洪园民俗村、民居博览区、洪园、龙舟竞渡、观音庵等。西溪农耕体验文化村，面积为 1.5 万平方米，位于西区北侧、文二西路以南地块，主要是以湿地农耕文化体验为特色的休闲度假村落。本景点主要以优美的田园风光和有序的树木、鱼塘为景观基调，来满足游人观光旅游、劳作实践的需求。西溪艺术集合村，是西溪公园（西区）的重头戏。该区域将规划设计 12 幢大型建筑，作为艺术家酒店、艺术创意俱乐部、艺术创作实践基地。西溪大众休憩村，以生态展示和休闲旅游为主，主要功能是为游客服务。

3.3 社会经济价值

3.3.1 生态内涵

西溪湿地是杭州绿地生态系统的重要组成部分，湿地能够调节大气环境，湿地内的丰富的植物群落能够吸收大量的二氧化碳，并放出氧气；同时，它还能吸收有害气体，达到净化空气的作用，应对城市空气污染问题，为城市提供充足的水源和良好的气候条件。

西溪湿地还是一个典型的多样化生态系统，湿地复杂多样的植物群落，为野生动物提供了良好的栖息地，是鸟类、两栖类动物繁殖、栖息、迁徙、越冬的场所，对于提高城市物种多样性有重要的作用。

3.3.2 景观特色

西溪国家湿地公园景观类型可分为四类，即水体、林地、耕地和建设用地景观。QuickBird 影像图数据分析结果显示，影像图分类后产生大量斑块，其总数目达到 13 343 个（李睿和戎良，2007）。其中，耕地景观斑块数目为 6153 个，占斑块总数的 46.1%，是斑块数目最多的景观类型；其次是林地和建设用地景观斑块，分别为 3429 个和 2314 个，分别占斑块总数的 25.7%和 17.3%；数目最少的是水体景观斑块，共 1447 个，仅占斑块总数的 10.9%。

各类景观的最大斑块指数由大至小依次为水体、建设用地、耕地和林地景观，湿地内成片连通的水体形成较大的斑块，有利于湿地整体环境的重塑和水生生物多样性的保护。此外，部分林地（柿林、竹林、枣林和桑林等）景观是作为农业景观而存在的，这些进一步说明西溪国家湿地公园具有明显的湿地特征和浓郁的农业景观特色。以上独特的湿地景观为西溪国家湿地公园开展湿地生态旅游创造了独特的景观基础。

3.3.3 生态旅游

2003 年 8 月，西溪湿地综合保护工程正式启动。该工程遵循“生态优先、最小干预、修旧如旧、注重文化、以人为本、可持续发展”的原则，通过农居搬迁、河道清淤、植物复种、生态驳坎、房屋整修等各种措施，对西溪湿地的水体、地貌、动植物资源、民俗风物、历史文化等进行科学的保护和恢复，从而打造杭州特有的湿地生态品牌，全面提升杭州的生态环境质量和国际旅游名城品位。2005 年 2 月 1 日，西溪湿地以其重要的生态功能、幽雅的自然景观、丰富的文化内涵被国家林业局批准成为我国第一个国家湿地公园。2007 年 10 月，二期工程建成并对外开放，二期工程加强了对西溪湿地农耕生态环境的保护。随着连续三期的西溪湿地综合保护工程的完成，并借助当地的资金投入优势，区位、宣传和自然资源优势，西溪国家湿地公园湿地生态旅游呈现快速发展的态势。2017～2019 年，西溪国家湿地公园累计接待入园游客分别为 492.87 万人次、465.36 万人次和 577.58 万人次。

第 4 章　样本差异检验

4.1 概 念 界 定

4.1.1 游客感知价值

国内外文献中对游客感知价值内涵的界定基本参照顾客感知价值的内涵，而顾客感知价值主要是指顾客对产品或服务感知的价值。因此，本书对游客感知价值的概念界定在继续沿用顾客感知价值的内容体系基础上，融入游客对旅游产品或服务的特殊偏好诉求，从而构成对游客感知价值概念的基本判断。

实际上，顾客感知价值研究起源于 20 世纪 80 年代，并先后经过 Zeithaml（1988）和 Woodruff（1997）等管理营销学大师对其内容的不断拓展延伸，使顾客感知价值成为决定消费者购买产品或服务的关键因素。随后，20 世纪 90 年代，顾客感知价值理论被逐渐引入旅游学领域，并且得到了国内外旅游学术界的普遍关注（夏赞才和陈双兰，2015）。现阶段，对于顾客感知价值的理解主要来自两个视角：其一，得失对比说；其二，效用评价说。前者是指顾客购买某一产品或服务时，对其所得与所失进行对比后意识到的基本结果；后者是指顾客将购买某一产品或服务所感知到的所得与所失进行比较后，而对该种产品或服务效用做出的总体评价。两个视角进行对比，显然效用评价说更能清晰而深刻地传递顾客购买产品或服务的价值诉求。

因此，本书基于对顾客感知价值定义的效用评价说来对游客感知价值进行概念界定。游客感知价值是指游客将在旅游景区完成一次完整的旅游活动时所能感知到的总体利益（感知利得）与其在购买该旅游景区的产品或服务时所付出的总成本（感知利失）进行比较权衡后，而对旅游景区提供的产品或服务体验效用做出的总体评价。因此，从此概念界定来看，游客感知价值显然是赢得游客对旅游景区满意度和忠诚度的重要因素。作为旅游景区经营企业而言，应当尽可能为游客创造感知利益，并减少感知成本。尽管顾客感知价值是一个多维概念（Sweeney and Soutar，2001），但本书对游客感知价值的上述界定主要基于单维总体感知价值的分析视角。

基于以上对游客感知价值概念的简单界定，根据游客与旅游景区之间的互动关系，本书进一步对此进行补充解释。游客感知价值是指游客在旅游景区进行旅游活动时，对旅游景区客体属性满足其利益诉求的结果程度进行的总体感知评价，其强调的是旅游景区只有满足游客的利益诉求，才能创造和实现游客感知价值。具体来讲，就是游客根据其在旅游景区购买和消费其提供的产品或服务过程中所形成的审美愉悦和知识偏好，而对整个旅游景区的目的地属性（综合投入）在契合其产品或服务期望的程度方面进行的综合评价。由此进行延伸，从旅游景区作为客体属性上去理解，游客感知价值实际上就是游客对旅游景区作为目的地价值的感知评价。

4.1.2　生态旅游者感知价值

生态旅游者感知价值，顾名思义，是指到生态旅游景区进行旅游活动的旅游者，通过购买和消费生态旅游景区所提供的产品或服务而实现其预期效用和目标，并与其所付出的综合成本之间进行比较而对生态旅游景区做出的综合评价。生态旅游者感知价值与普通旅游者感知价值比较，两者的内涵基本无异，可能的差异之处在于，前者显著表征出旅游者感知利得在于追求对旅游景区的生态体验和审美，而后者则体现为一般的旅游利益诉求。实际上，生态旅游者感知价值在一定程度上决定了生态旅游者的环境负责任行为，进而不仅直接影响生态旅游景区的生态环境问题，而且更深层次地影响生态旅游者对生态旅游景区的满意度甚至忠诚度。因此，生态旅游景区要比传统旅游景区更多且更好地为生态旅游者创造生态审美和体验效用，以便提高生态旅游者的感知利益，从而从整体上提升生态旅游者的感知价值。

4.1.3 旅游景区品牌

首先，在对国外文献进行搜索旅游景区品牌（tourist attraction brand）相关概念时，并未发现与此直接关涉的概念解读。然而，这并不能说明对于旅游景区品牌的理论诠释缺失。事实上，在国外旅游研究学术体系中，旅游目的地的尺度大小不定，而旅游景区作为旅游产品生产与交易的主要场所，同时也是旅游者进行旅游活动的重要空间载体，通常被理解为旅游目的地。其实，旅游景区与旅游目的地之间既有共通之处，亦有差别之处。其共通之处在于，作为旅游产品供给者，两者均可被理解为旅游客体，而差别之处在于后者向旅游者提供的产品和服务内容可能更加丰富。实际上，随着旅游景区不断发展成熟，尤其是旅游景区业态逐步培育，接待能力提升，旅游环境改善，产业体系健全，旅游景区也会具备支撑其为旅游目的地的内部结构。因此，既有关于旅游目的地品牌的理论内涵则为人们理解旅游景区品牌的概念提供了重要的内容参考。

需要说明的是，国内对于旅游景区品牌概念界定的困难主要在于旅游景区所提供产品的性质方面。其一，旅游景区所提供的服务具有无形性，而品牌自身即具有抽象性，对一种不可触知的产品进行品牌抽象性诠释，显然具有双重难度。其二，鉴于游客对旅游景区产品或服务体验诉求的综合性，决定了旅游景区在进行品牌构建时，面临着形象设计的复杂性，很难在游客心目中创造出被一致认可的品牌形象。

因此，旅游景区作为旅游业生产力的核心来源，其是否实施科学管理直接关系到旅游业发展的效率与质量。现阶段，尽管国内学术界并未对旅游景区品牌进行明确的概念界定，但凭借基于一般品牌内涵而对旅游景区品牌做出的模糊认知，已分别对旅游景区的品牌形象、品牌资产、品牌营销和品牌延伸等方面内容进行了简单分析（李树民等，2002；朱强华和张振超，2004；吴从越和赵晔龄，2008；何小芊等，2012）。

根据既有文献内容，本书对旅游景区品牌的定义主要涉及两个方面：旅游景区产品本身的综合特性表达和游客对这种综合特性的理解与感知。具言之，旅游景区品牌是指用以表达和识别旅游景区产品或服务所拥有的独特个性、形象和价值，并且能够通过契合游客审美倾向而区别于其他旅游景区产品或服务的显著标志。因此，旅游景区品牌是旅游景区的象征。旅游景区品牌诠释的不仅是旅游景区的竞争优势，也是旅游景区对游客的质量承诺，更反映出游客对旅游景区的情感认同。

4.1.4 生态旅游景区

我国生态旅游发展起源于 20 世纪 80 年代，开发建设规模显著。实际上，不仅仅在我国，生态旅游发展势头迅速，生态旅游已成为全球旅游业中发展最快的旅游活动类型，它将成为未来全球旅游发展的主流趋势。

对生态旅游景区的概念界定，可以从以下多维视角进行解读：从生产属性上理解，生态旅游景区是旅游者进行生态旅游活动的主要场所，是生态旅游产品或服务进行生产交易的基本空间载体。从内涵属性上理解，生态旅游景区是由一系列不同类型的生态旅游景点组合而成，并且具有显著的生态美学特征和价值，同时存在较为明确的生态主题和功能的特殊地域系统。从功能属性上理解，生态旅游景区是以满足旅游者的生态旅游需求为目标前提，以向旅游者提供具有鲜明吸引力的生态旅游产品或服务，并且能使旅游者获得预期的生态体验和效用为核心功能的生态型旅游景区经营企业。

4.1.5 生态旅游景区品牌

基于对旅游景区品牌的阐述，所谓生态旅游景区品牌，首先不仅仅是一种显著区别于其他类型旅游景区竞争对象所提供产品或服务的识别标志，进而用以识别生态旅游景区提供给生态旅游者的产品或服务，更体现出了生态旅游景区及其所提供产品或服务的核心价值、差异化和质量信誉的保证及其溢价能力，从而反映出生态旅游景区及其所提供产品或服务的内在属性、核心利益、差异文化、个性理念和特定的旅游者类型。

从品牌的内在属性上理解，并结合生态旅游景区的基本界定，生态旅游景区品牌存在以下五个特征。

1）无形性。生态旅游景区品牌的无形性只是个相对概念，并非绝对意义上是指生态旅游景区品牌具有抽象性，而是指生态旅游景区品牌内容既包括有形的物质载体（如旅游设施、餐饮住宿、卫生环境和解说系统等），也包括无形的间接载体（如产品价格、服务质量、旅游形象和游客口碑等）。

2）专有性。生态旅游景区品牌应当具有因其产品或服务的差异化而被识别的专有权，主要强调的是生态旅游景区应当具有品牌排他性，这一点对于生态旅游景区避免落入同质化竞争的俗套尤为重要。

3）价值性。生态旅游景区品牌具有无形的资产价值性，生态旅游景区可凭借其品牌价值而获得持续的市场竞争优势，同时更易赢得较高的客源市场占有率，从而充分彰显出生态旅游景区的市场竞争力。

4）风险性。生态旅游景区在品牌维护过程中，时刻面临来自景区内外部的多种不确定因素的解构风险，同时对相关的风险评估存在较大困难。例如，景区的服务失误、设施安全和产品质量等问题，以及游客的体验预期、偏好变化和价格敏感等因素，均会对生态旅游景区品牌的构建维护带来相应难度。

5）认同性。生态旅游景区品牌的构建不仅仅是只表达景区企业的经营理念，更重要的是要从文化或心理意义上体现旅游者的价值认同。只有旅游者对于生态旅游景区所提供的产品或服务的认知、情感、态度和行为是正面积极的和愿意接近的，生态旅游景区品牌才能转化为生态旅游景区所拥有的无形资产，才能体现出生态旅游景区品牌存在的价值。

生态旅游景区在进行品牌建设之后，随之会自然地与诸多利益相关者产生联系，因此可将其称为生态旅游景区的品牌关系（brand

relationship）。生态旅游景区为了进一步保持品牌活力，拓展其品牌资产，有必要了解并维护自身与利益相关者之间良好的品牌关系。在上述品牌关系中，包含生态旅游景区品牌、景区经营企业之间与生态旅游者之间的关系。一方面，生态旅游景区之所以需要进行品牌构建，是因为生态旅游景区品牌将生态旅游景区有别于其他类型景区的显著差异化利益融于一体，反映出生态旅游景区的综合实力与素质，有力地凝聚了生态旅游景区的文脉、地格、形象和品质等。另一方面，随着旅游者旅游消费意识的转变，更重要的是，由于生态旅游景区间竞争日益激烈，对于生态旅游者而言，其不再单纯地根据生态旅游景区所提供的产品或服务的功能进行选择，而是根据生态旅游景区所提供的产品或服务的象征意义来积极地构建自我，实现对自我价值的追求和认同。与此同时，生态旅游者通过对生态旅游景区表现出较高的重游意愿和重复满意，对生态旅游景区品牌产生了忠诚度。

4.1.6 湿地生态旅游景区品牌

基于以上生态旅游景区品牌概念内涵，湿地作为一种典型的生态旅游资源，在将其开发成旅游产品满足旅游市场需求的过程中，为了实现湿地生态旅游景区的可持续发展，以品牌价值提升市场竞争能力，成为湿地生态旅游景区实施内涵式发展的必要之举。

湿地生态旅游景区品牌因其所提供湿地生态旅游产品或服务的独特性，从而建构形成有别于其他竞争性生态旅游景区的景区整体形象识别标志，进而用以被识别湿地生态旅游景区提供给湿地旅游细分市场的产品或服务，更能体现出湿地生态旅游景区及其向市场所提供的湿地生态旅游产品或服务的核心价值、独特体验、质量信誉及其市场依恋，最终由此反映出湿地生态旅游景区的内在属性、核心利益、景区形象和差异文化等景区地方个性。

4.2　概 念 模 型

近年来，尽管由于游客对生态旅游需求的体验诉求愈发明显，加之自然资源依托型景区深度挖掘其生态价值，我国生态旅游逐渐受到游客和旅游目的地的双重青睐，但其发展速度、规模与质量均滞后于旅游发达国家，生态旅游在我国尚处于发展的起步阶段。与此同时，我国生态旅游资源所有权大多归政府所有，而现阶段我国大部分生态旅游景区受困于计划思维的管理方式，市场化管理技术滞后，加之我国生态旅游资源所有权界定模糊而导致生态旅游景区多头管理干预，从而导致我国生态旅游景区管理效率低下。值得重视的是，这一普遍存在于我国生态旅游景区的掣肘，严重制约了我国生态旅游景区的发展效率与质量。因此，从当前我国生态旅游景区的发展实践来看，亟须提升生态旅游景区的科学管理效率，并积极探索符合我国生态旅游内涵特征的景区管理模式，显然这不仅有利于我国生态旅游景区管理效益的提升，也有利于生态旅游景区进行有效的游客管理，以及景区环境保护。

因此，为了尽可能避免管理体制僵化导致的生态旅游景区管理效率滞后问题，同时也为了凸显生态旅游景区的差异化市场竞争力，生态旅游景区进行品牌构建，并实施品牌管理模式，是现阶段我国生态旅游景区提高管理效率的有益探索。尤其是，生态旅游景区在品牌战略推进过程中，为了扩大品牌资产的有效价值，维持和强化生态旅游景区品牌与生态旅游者之间的关系对于我国生态旅游景区优化管理模式具有较强的理论和实践意义。

生态旅游景区若想保持与游客良好的品牌关系，不仅要充分了解游客的偏好诉求、价格敏感性和自我价值认同，还需切实将上述可能会影响游客对生态旅游景区产品或服务质量评价的综合信息融入生态旅游景区品牌管理理念，以弥补生态旅游景区品牌管理构建过程中游客管理薄弱甚至缺失的短板。同时，基于游客视角审视生态旅游景区品牌构建，对于培育和强化游客对生态旅游景区品牌忠诚具有重要意义。

目前，在管理学领域，关于顾客感知价值对顾客品牌忠诚影响的研究内容日渐丰富，最常见的理论脉络即是顾客感知价值可以实现顾客满意，进而形成顾客忠诚。与此同时，围绕这一探讨顾客品牌忠诚驱动因素的基本理论的适用性，被广泛应用到众多行业或部门发展实践当中。尤其是，近年来，随着满意度理论逐渐被引入旅游企业管理领域，对于围绕游客满意度前因后果的理论机制的探究成为旅游景区经营企业进行游客管理的重要工作。然而，需要注意的是，尽管上述理论关系也被相应推广到生态旅游景区管理中，但仍存在以下几点问题：首先，在研究对象上，尽管对于游客满意度理论的相关研究已见于不同类型旅游企业案例中，部分文献也已开始关注生态旅游景区的游客满意度问题（方炜等，2016），主要原因在于，“以生态为基础”和“以可持续性为目标”是生态旅游的核心内涵（赵爽等，2013），生态旅游与其他旅游形式的游客满意度的来源有所差异，然而当涉及游客满意度对于生态旅游景区的品牌构建具有何种影响机制时，鲜有文献提及。其次，在研究方法上，既有关于生态旅游景区品牌管理方面的研究文献以定性的理论研究或案例分析为主，缺乏规范的定量分析，尤其是对于生态旅游景区品牌关系方面的定量研究尚未涉足。最后，在研究内容上，既有研究对于生态旅游景区品牌忠诚的研究支撑性内容不足，尤其是对生态旅游景区品牌忠诚的驱动因素研究不够系统深化，特别地，并未充分重视游客感知价值对景区品牌忠诚的直接与间接影响，以及可能会影响游客感知价值对生态旅游景区品牌忠诚的调节机制。

因此，首先，对生态旅游者价值进行内涵阐释与维度说明。一方面，基于目前流行且成熟的顾客感知价值理论；另一方面，遵循生态旅游者与生态旅游景区之间互动关系的特殊性，最终提出生态旅游者价值的基本内涵。事实上，尽管现有旅游学文献中已提到关于游客感知价值的理论，但并未真正对生态旅游者价值这一细分顾客价值领域展开相关研究。其实，之所以着重对生态旅游者价值进行研究，主要是因为生态旅游作为未来我国旅游业发展的主要方向，尤其是生态旅游者对生态价值的强烈审美追求是其区别于其他类型旅游者的根本特点，生态旅游者的价值取向对生态旅游景区管理变革的深远影响不可忽视。

其次，一方面，目前围绕游客感知价值与旅游景区满意度、忠诚度之间关系的研究已愈渐丰富。例如，高明（2011）主要对国内外文献所涉及的关于游客感知价值、游客满意度和行为倾向之间的关系研究进行了述评性总结，认为围绕“游客感知价值→游客满意度→行为倾向”这一旅游消费行为学中重要逻辑关系研究的理论框架仍处于探索阶段，还需要不断拓宽研究视角和引入解释变量。然而，值得注意的是，当聚焦于游客感知价值对旅游景区品牌忠诚度的影响关系时，相关研究鲜有涉及。另一方面，既有旅游学文献在对上述理论关系进行实证检验时，主要以直接研究为主，较少在理论关系的假设中引入合适的调节或中介变量，以进一步丰富和深化旅游消费者行为研究的经典理论关系。实际上，通过对现有的管理学文献述评观察，影响顾客品牌忠诚的相关变量众多，尤其是在对顾客感知价值和顾客品牌忠诚之间的关系进行探索时，顾客满意和顾客信任在该影响机制中起着重要的中介作用，而转换成本则表现出可能的调节作用。因此，本书以游客感知价值对生态旅游景区品牌忠诚的影响机制为概念模型的核心，并引入相应的中介和调节变量加以扩展，最终构建完整的游客感知价值对生态旅游景区品牌忠诚影响机制的概念模型。

鉴于此，为了进一步充实和丰富生态旅游景区品牌管理方面的内容，在既有生态经济学和生态管理学的研究框架下，为了基于游客感知价值视角详尽揭示生态旅游景区品牌忠诚的驱动机制，本书主要从以下几点围绕游客感知价值对生态旅游景区品牌忠诚的影响机制展开研究。

4.2.1　直接影响

游客感知价值理论在景区管理中得以被重视，主要源于景区游客管理理念的转变。景区游客管理最早是被用以规避生态旅游资源较为脆弱的旅游景区因游客大量涌入，甚至超过其最大承载容量而导致的环境破坏问题（李健等，2006），主要目的是通过管理游客行为来降低和缓解游客对景区环境的破坏行为，从而实现脆弱生态区环境保护的目的。实际上，尽管此种景区的游客管理方式有效约束了游客在景区内的旅游行为，但这种单纯以环境保护为景区价值取向的管理理念因其简单将游客视为被管理的对象，而忽略游客的情感需要、利益诉求和价值体验而被质疑（Eagles，2001）。然而，诸多生态旅游景区面临着客源市场需求旺盛扩张的现实状况，景区所承受的生态压力与日俱增，所以实施游客管理是生态旅游景区避免超负荷运转的必要之举。

然而，随着体验经济的兴起，尤其是具备专门知识水平的生态旅游者在旅游活动过程中对自我价值实现的追求，便要求生态旅游景区游客管理应给予游客更多的尊重，应在一定的条件下向游客让渡价值，从而使生态旅游景区在游客管理理念中实现景区与游客之间的共创价值（刘少艾和卢长宝，2016）。具体来讲，生态旅游者行为作为旅游活动的一部分，游客不仅是生态旅游产品的消费者，也是生态旅游产品价值的共创者，生态旅游者在与景区的互动过程中，同时将自己的游前期望和游览体验反馈给景区，以此体现自身在景区游客管理中所承担的角色。然而，在包括生态旅游景区在内的我国大部分旅游景区，在其所实施的游客管理实践中均忽视游客在旅游景区产品价值创造中的能动作用，从而使景区出现盲目管理现象。

鉴于生态旅游者作为在生态旅游景区内发生旅游活动的主体，为其创造价值，实现其预期目标，成为生态旅游景区进行产品或服务设计与提供的重点指向。与此同时，为了保持生态旅游资源的可持续性，避免生态旅游客源超过其最大承载力，又必须实施必要的游客行为管理。尤其是生态旅游景区为了创造其差异化竞争优势，在不断塑造自身生态价值形象、构建品牌竞争力时，更应充分了解、吸收与融入游客感知价值诉求，目的就是在实现游客对生态旅游景区品牌满意度的同时，尽可能激励与促使游客提升对生态旅游景区品牌的忠诚度，从而提升生态旅游景区的无形价值。

具言之，生态旅游者价值是指生态旅游者对购买获取和消费体验生态旅游景区提供的生态旅游产品或服务在特殊旅游情境中满足其旅游需求期望的感知偏好和总体评价。此种定义的内涵基础来源于 Zeithaml（1988），也同时得到国内学者李文兵（2011）、张宏梅等（2012）和卢东等（2015）的研究认可。现阶段，基于对顾客感知价值内涵的多维要素说和综合评价说，在对顾客感知价值进行实证测度时，一般选用多维度和单维度两种方式。基于此惯常做法（Kashyap and Bojanic，2000；Duman and Mattila，2005；Chen and Chen，2010），另基于本书概念模型的路径关系，本书对生态旅游者价值采用单维度测度方法，旨在重点关注其对生态旅游景区品牌忠诚的直接或间接影响机制。例如，Gyimóthy（2000）指出，将游客感知价值、游客满意度与其行为倾向纳入同一个研究框架并对其相互作用进行探究具有重要意义。实际上，本书对生态旅游者价值采用单维度的测度方法，也是基于消费者行为研究中“途径-目的”理论而做出的，其在营销学领域中被认为是用于探索消费者选择和消费产品或服务，并最终实现个人价值观的层级过程（Bagozzi and Dabholkar，2000）。具体而言，基于此理论，生态旅游活动中的游客感知价值遵循三层次：属性层、结果层和价值层。对于生态旅游者而言，首先是观察、了解和描述其将要购买的生态旅游产品或服务的现实属性（Deng and Li，2015）；其次是消费和体验生态旅游产品或服务的结果，即游客通过选择生态旅游产品或服务以产生预期的结果或利益，而尽可能最小化负向的结果或成本；最后是游客在生态旅游活动中在抽象层面实现个人价值观（Huang and Zhang，2008），进而影响其在生态旅游景区中的态度与行为。由于上述理论将生态旅游者对生态旅游景区所提供的产品或服务属性、消费结果及抽象的个人价值观相联结，进而构成了生态旅游者的认知结构体系，从而为探究生态旅游者价值观对其行为的影响提供理论解释。因此，本书通过深入揭示生态旅游活动中的游客感知价值内涵，进而引申出其对生态旅游景区品牌忠诚的影响过程。

1）游客感知价值影响游客满意。由于生态旅游产品的无形性，其本质是使游客在生态旅游活动中获得审美愉悦的难忘经历，游客感知价值在生态旅游景区关于游客行为管理方面的理论应用十分重要。在此，游客感知价值实际上反映的是游客对生态旅游景区价值的感知，不仅是生态旅游景区所提供的产品或服务具有无形性，其旅游形象也具有抽象性，从而导致游客对生态旅游景区品牌的满意度无法具备统一的客观标准。因此，游客只能通过对生态旅游景区所提供的产品或服务及其整体形象的“感知利得-感知利失”进行权衡，并凭借其感知价值大小形成对生态旅游景区品牌的综合认知和评价，从而产生对生态旅游景区品牌的满意度。事实上，大部分文献也持“游客感知价值是游客满意度的重要前因”的主流观点（Lee et al.，2007；Chen and Chen，2010；Ha and Jang，2010）。从感知-情感角度看，游客感知价值代表了游客对获取生态旅游产品或服务过程中对利得与利失之间的权衡比较，游客满意度是游客对生态旅游景区品牌的一种情感反应程度，只有心理感知刺激，才能引发游客的情感反应（Neal，1999）。所以，游客感知价值可作为游客对生态旅游景区品牌满意度的重要前因。

2）游客感知价值影响游客信任。从心理学上看，消费者源于对消费经历的认知评价而形成的感知价值，不仅可以形成较为稳定的价值预期，也可以降低未来的购买风险，由此推断顾客感知价值便构成顾客对品牌信任的前因，消费者真切地感受到因其对品牌的信任而将给自身所带来的种种好处，并且代表企业对消费者的一种有效承诺（Baumann and Le Meunier-Fitzhugh，2014）。在探讨有关品牌信任的影响因素时，顾客感知价值对其影响显著（金玉芳等，2006）。

面临愈发激烈的旅游市场竞争，生态旅游景区在实施品牌战略过程中，除了继续保持其所提供产品或服务的差异化竞争优势，还需要考虑如何建构、保持和增强与旅游者之间的长期关系，即创造关系质量是实现旅游者对生态旅游景区品牌的满意度和忠诚度的重要因素（乔光辉，

2015）。事实上，对于生态旅游景区而言，关系质量代表了生态旅游景区满足游客需求的合适或契合程度，同时反映出游客对生态旅游景区品牌或其产品及服务的信任和承诺（韩沫和王铁军，2014）。尤其是鉴于生态旅游产品或服务的无形性和知识性，游客心理上会面临较大的购买风险，而充分建构与实现游客对生态旅游景区品牌的信任，一方面是为了强化游客对生态旅游景区品牌的情感依赖关系，另一方面是为了规避游客所面临的潜在不确定性风险。由此推断，游客感知价值也可能是游客对生态旅游景区及其品牌信任的重要前因。

3）游客感知价值影响游客品牌忠诚。首先，对于游客品牌忠诚主要从两个维度理解，主要分为态度忠诚和行为忠诚，即口碑效应和重游意愿。在既有管理学文献中，顾客感知价值作为品牌忠诚最直接、最核心和最重要的驱动因素已在众多案例情境中被实证检验所佐证（Agustin and Singh，2005；Tsai et al.，2010）。Parasuraman 和 Grewal（2000）指出，顾客之所以对品牌产生忠诚，主要是因为企业为其创造了有意义的感知价值，进而使顾客感知价值不仅影响品牌忠诚的情感态度，也影响顾客的重复购买行为。具体到旅游学文献中，围绕“游客感知价值、满意度和行为倾向”之间关系的主流观点基本均支持“游客感知价值不仅会直接影响行为倾向，而且通过满意度影响行为倾向”（Oh，1999；Kashyap and Bojanic，2000；Tam，2004；Petrick，2004；Gill et al.，2007；Lee et al.，2007）。Gallarza 和 Gil-Saura（2006）指出，就游客忠诚度而言，尽管游客满意度是必要前提之一，但只有游客感知价值才是游客忠诚度的重要驱动因素，而较高程度的游客忠诚便体现出积极的行为倾向。

实际上，因为生态旅游产品或服务对于游客具有较强的吸引力，同时游客一般具有一定的有关生态知识方面的价值结构，所以当其在对生态旅游景区品牌具有一定了解的基础上，在权衡购买或消费生态旅游景区所提供的产品或服务是否可以达到，甚至超过购买前的预期时，由于生态旅游景区品牌所表征出的产品或服务质量承诺，游客对生态旅游景区的目的地属性倾向于形成较高的感知价值，或者说游客较易对品牌型生态旅游景区价值产生较高的感知质量，所以当生态旅游景区为游客创造出必要的感知价值时，游客对生态旅游景区的品牌忠诚度也会相应得以提升。

4.2.2 中介机制

顾客感知价值是形成顾客满意的重要前因，或者说，倘若顾客在实际消费经历体验中获得较高的感知价值质量，即会形成顾客满意。肇自Cardozo（1965）首次提出顾客满意会引发其重复购买行为之后，学术界围绕顾客满意与顾客忠诚之间的关系进行了大量研究。然而，在现实管理实践中，顾客满意与顾客忠诚常被混淆，但实际上，顾客满意与其忠诚之间呈现出非对称关系，即忠诚的顾客一般即持满意态度，而顾客满意并非一定可以转化为忠诚（Oliver，1999；Oliva et al.，1992）。Oliver（1980）发现，较高的满意度可以增强顾客对品牌的偏爱态度，进而提高对品牌的重复购买倾向。此外，Bearden 和 Teel（1983）通过对汽车消费的研究发现，顾客对品牌的态度会影响其最终的购买行为。因此，一个基本的共识是，顾客满意是实现顾客忠诚的前提条件，顾客满意对顾客忠诚具有积极作用，顾客满意度越高，重复购买行为越显著，对品牌越忠诚（Anderson and Sullivan，1993；Bloemer and Kasper，1995；Back and Parks，2003；刘周平，2007）。

在旅游学研究中，既有文献主要是关于游客满意度对住宿业企业，以及对整体旅游目的地品牌的游客忠诚研究（Yoon and Uysal，2005；Prougestaporn and Batra，2018），只有较少文献是关于游客满意度对旅游景区的品牌忠诚研究，具体到生态旅游景区的品牌忠诚研究则少之又少。其实，因为品牌型生态旅游景区能够提供细分客源市场更加专业化和高质量的生态旅游产品或服务，所以当生态旅游者对上述生态旅游产品或服务具有较高的满意度时，可能更容易对生态旅游景区品牌产生忠诚度，即游客对此品牌型生态旅游景区产生重游意愿的概率也较大。

顾客对品牌的信任在顾客满意度与忠诚度之间具有中介作用，换言之，顾客信任是驱动顾客满意度对其忠诚度产生积极作用的关键因素。实际上，当将顾客信任因素纳入顾客品牌忠诚的驱动机制中可以发现，首先，顾客满意是驱使顾客对品牌产生信任的重要原因，这是因为信任是对顾客满意的更高程度的表达，顾客信任与顾客满意与其重复购买行为之间具有高度的正相关关系。实际上，顾客满意与顾客忠诚之间的关系并不是线性一致的，其中最主要的原因就在于，顾客信任是承担顾客满意到顾客忠诚的中介角色。所以，顾客满意度对顾客信任具有积极影响，顾客信任对顾客忠诚也具有积极影响。如果具体到品牌层面，则顾客对品牌的信任依然对顾客的品牌忠诚具有积极影响。

当旅游者消费旅游产品或服务时，需要前往被称为异地的旅游目的地实现旅游产品或服务的交易，因此，旅游者在进行空间转换移动时，会面临更多的不确定性因素，如目的地陌生的文化、未知的环境等，均会使他们的心理购买风险上升。所以，消除旅游者所面临的潜在购买风险是形成游客满意度、培育游客忠诚度的关键。对于品牌型生态旅游景区，为了增强其品牌资产价值，增强竞争优势，尽可能提高对其品牌具有忠诚度的旅游者比例，首先应当尽可能赢得旅游者的品牌信任，以使景区所提供的生态旅游产品或服务更易接近，从而维持并增进旅游者与景区之间的持久品牌关系，最终依靠对品牌具有忠诚度的旅游者来获取长期利润。事实上，在既有研究游客忠诚度的相关文献中，对游客信任在游客满意度与其忠诚度之间的中介作用并未进行谨慎考虑，从而导致对游客信任的研究不足。仅有的代表性研究，如 Loureiro 和 González（2008）以西班牙和葡萄牙边境地区的乡村旅游为例，研究发现，乡村旅游质量是产生乡村旅游者信任的直接前提，同时，乡村旅游者信任对乡村旅游目的地忠诚度具有显著影响。

4.2.3 调节机制

Heide 和 Weiss（1995）指出，所谓转换成本主要是指顾客从一个服务供应商转向另一个服务供应商时所面临的综合成本。根据 Dick 和 Basu（1994）的观点，顾客对产品或服务的转换成本包括货币消费、非货币成本，以及忠诚带来的利润损失。实际上，转换成本反映出买方对卖方的依赖和买方渴望与供应商维持关系以实现其消费目标（Frazier，1983）。若顾客随着时间的推移做出一系列购买选择，当其转向新的供应商时，则由此而产生的转换成本也逐渐上升，所以顾客一般会向某个供应商保持相对固定的承诺。Lam 等（2004）认为，顾客满意度与转换成本的调节作用会影响顾客忠诚，较高的转换成本会凸显顾客满意度和忠诚度之间的关系，由于顾客在保持连续购买选择过程中，已经付出相当的时间、金钱和努力，这也表明当顾客对某一供应商不满意时，其在转换供应商时会面临障碍。Yang 和 Peterson（2004）指出，当顾客对供应商所提供的产品或服务具有较高的感知价值时，如果其转换成本较高，则会使顾客并不太会转换供应商，否则其会面临多种类型的转换成本。此外，转换成本在顾客满意度与忠诚度之间的调节作用也已被广泛验证（Lee et al.，2001）。同时，Burnham 等（2003）指出，转换成本在顾客信任与顾客忠诚之间也会存在相应的调节作用，即顾客所承担的转换成本越高（越低），信任越容易（不容易）形成顾客忠诚。

生态价值作为生态旅游景区所具有的稀缺且脆弱性较强的吸引力要素，基于保持生态旅游景区可持续发展的考虑，同时也为了尽可能避免生态旅游景区进入资源粗放式开发的路径依赖模式，生态旅游景区依靠品牌战略参与旅游市场竞争成为保持其持续竞争力的重要手段。在此条件下，生态旅游景区培育对其品牌具有忠诚度的旅游消费者，有利于产生长期的游客感知价值。从理论上来说，游客感知价值、游客品牌满意和游客品牌信任都可能会对游客品牌忠诚产生影响，然而，由于影响旅游者在生态旅游景区内旅游活动的内外环境因素众多，无论是上述游客品牌忠诚的驱动机制，还是诸多前置或中介变量之间的交互作用，均可能会发生相应的变化（Oliver，1999）。例如，游客品牌满意与品牌忠诚之间的关系也会因某些因素的影响而发生变化，而这种变化性则主要可能是游客所承担的转换成本所导致的（Fornell，1992）。当游客对品牌型生态旅游景区所提供的产品或服务价值认同度较高时，或者能从其中学到某种类型生态专门知识的情况时，如果游客转向其他类型或品牌的生态旅游景区，则其所承担的综合性转换成本相对较高，从而会继续维持既有的品牌忠诚。

如果继续深化生态旅游景区品牌忠诚度的驱动机制，就可以发现旅游者在转换旅游景区时，其所面临的因素可能更为复杂，除了要付出时间、金钱和努力，还要面临不同类型旅游产品或服务给其未来的消费经历所产生的效用体验的不确定。然而，遗憾的是，在既有讨论旅游景区品牌忠诚的文献中，并未将旅游者的转换成本因素纳入旅游景区品牌忠诚的驱动机制中。具体表现在，当游客想寻求差异化的旅游体验时，必然会面临产品或服务的转换成本。此时，如果生态旅游景区想继续维持游客对其品牌的忠诚度，探究并揭示游客转换成本对于游客感知价值、游客品牌满意和游客品牌信任对其品牌忠诚度的调节机制以避免出现游客流失就显得异常重要。

综上所述，基于管理学、营销学及心理学等跨学科理论，在梳理有关品牌忠诚的驱动因素研究文献的基础上，同时结合游客与生态旅游景区之间的特殊互动关系规律，经过理论分析与逻辑构建，本书提出如图 4-1 所示的游客感知价值影响生态旅游景区品牌忠诚的概念模型，以此作为在研究设计中研究假设提出的理论依据。具体可以详解为游客感知价值不仅会直接影响游客品牌忠诚，还会受游客品牌满意和游客品牌信任的间接影响，同时，游客所承担的转换成本在游客感知价值、游客品牌满意和游客品牌信任影响游客品牌忠诚的过程中发挥调节作用。

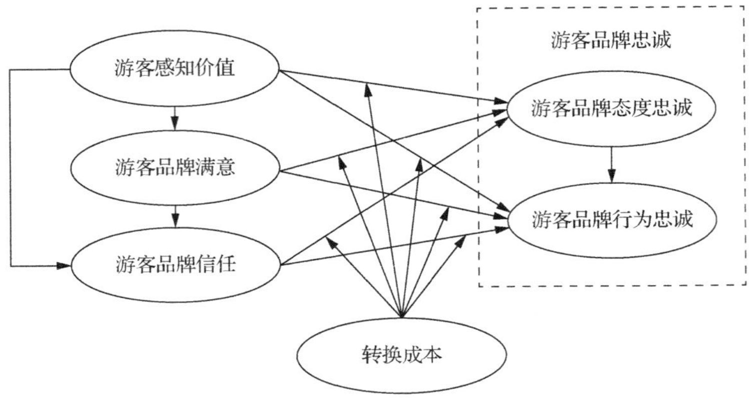

图 4-1　概念模型

4.3　研究假设

尽管围绕顾客品牌忠诚驱动机制的研究成果著述颇丰，相应的理论体系也已较为成熟，并且随着以上理论机制被逐渐拓展到旅游学研究领域，尤其是在揭示旅游景区游客忠诚形成机制方面提供了重要的理论依据，同时也为旅游景区在坚持可持续发展战略过程中实施科学的游客管理举措提供了恰当的实践参考。然而，需要注意的是，尽管品牌战略已经深入当前经济社会发展的方方面面，但有研究显示，在 2000 年之前，我国旅游学术界并未出现以“景区品牌”为关键词的相关研究，而截至 2010 年，对旅游景区品牌的探索性研究文献不到 50 篇（邱守明等，2011）。由此所见，我国旅游景区品牌研究并未得到足够的研究关照，而对旅游景区最具发展潜力的生态旅游景区而言，对其生态旅游景区品牌的研究与讨论更加单薄。

然而，从现实来看，尽管学术界对旅游景区品牌乃至生态旅游景区品牌的关注度不足，但这并不能否认品牌所带来的综合性资产对于旅游景区的潜在价值和现实意义的重要性。毫无疑问，从理论上讲，旅游景区，包括生态旅游景区，充分遵循并实施“资源—产品—形象—品牌”

的战略步骤，这不仅符合旅游景区产品创新与市场竞争的基本规律，同时对旅游景区进行保护性开发、改善开发效率、提升旅游景区发展质量也尤为重要。尤其是对生态旅游景区而言，如果依然落入仅靠要素资源粗放型开发所驱动的开发模式和依然忽视游客关系管理的经营管理窠臼，则由此所带来的负面效应是难以避免的，直接的后果便是脆弱的生态旅游资源遭到不同程度的破坏，一方面是生态旅游景区开发不当所致，另一方面则是因为实施了不当的游客行为管理方式。然而，对于很难用货币价值衡量的生态旅游资源而言，尽管对其给予相应的生态补偿是必要的，但其补偿的物质和时间成本是巨大的。因此，相较而言，生态旅游景区亟须实施品牌战略，积极推进市场竞争方式转型，通过进行产品、服务、形象等综合类发展要素创新，充分为游客真正创造尽可能多的游客服务和价值，以产生并增强游客对生态旅游景区的品牌认同，进而依靠其品牌资产的市场溢出价值来提升生态旅游景区的竞争能力。

从理论上分析，生态旅游景区进行品牌塑造，挖掘品牌价值，对于提升生态旅游景区发展质量的意义重大。从现实来看，诸多生态旅游景区已经开始重视对其品牌形象的多维塑造。例如，生态旅游景区为了充分实现其潜在生态价值，已开始在服务质量打造、产品价格设计、景区形象宣传、智慧系统建设及服务设施改善等方面付诸行动，并逐渐得到专项生态旅游者市场的青睐。然而，需要强调的是，现阶段生态旅游景区在品牌建构过程中，建设重点主要从供给侧（主体）角度出发，而忽略了对其需求端（客体）所关注的需求偏好及价值诉求的充分考虑和吸收，由此很可能会导致供需错配的情况。所以，生态旅游景区在从全局意义上进行品牌建设时，除了应继续规范景区自身的经营行为，还应当有效重视游客感知内容（Anholt，2002；Keller，2003；Kavaratzis and Ashworth，2005），避免出现重功能、轻情感的现象。事实上，从由此而引申出的理论研究来看，学术界对于生态旅游景区品牌建设中的游客管理领域认识不足，从而导致该部分研究的理论滞后性。鉴于此，本书即以此为研究角度切入生态旅游景区品牌研究，在首先肯定生态旅游景区与游客之间存在既符合实践又契合情理的品牌关系的前提下，进一步深入揭示对生态旅游具有需求偏好的游客对生态旅游景区的品牌忠诚形成机制，而对品牌忠诚驱动机制的追本溯源，游客感知价值的首要作用无出其右。

4.3.1　游客感知价值作为解释变量

根据概念模型因果关系设定，并结合游客感知价值作为解释变量的相关影响机制梳理，同时考虑生态旅游者与生态旅游景区品牌关系的特殊性，首先提出在探讨生态旅游景区品牌忠诚驱动机制研究中游客感知价值的直接影响关系，如图 4-2 所示。

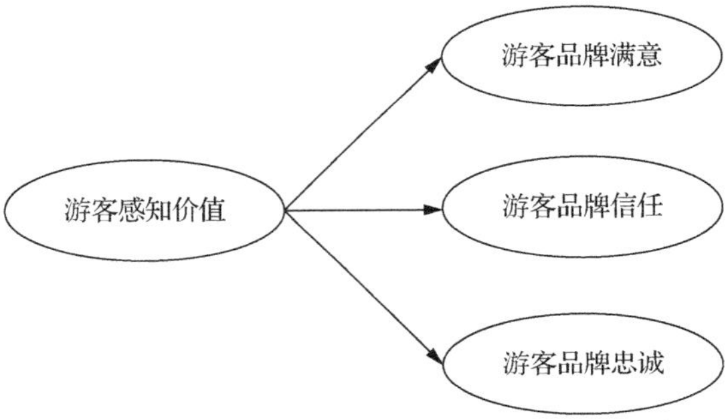

图 4-2　游客感知价值的直接影响关系

1. 游客感知价值与游客品牌满意

众多理论研究表明，顾客感知价值是顾客品牌满意的直接解释变量。生态旅游景区作为以经营生态旅游产品或服务为主的新型旅游企业，不仅是产品或服务的主要生产场所，也是主要的交易和消费场所。这就说明，生态旅游景区不仅具有一般企业的性质，同时由于生态旅游产品或服务生产与消费的同步性，生态旅游景区表现出有别于一般企业的特殊内涵。例如，游客会直接参与到具体的生态旅游景区产品或服务从生产到消费整个过程和每个环节，换言之，游客与生态旅游景区之间的服务接触非常紧密，由此说明生态旅游景区在进行品牌要素梳理与整合时，应当将游客因素作为重要内容予以对待。因此，对于生态旅游景区而言，无论是培育游客对生态旅游景区的场所依恋，还是增强游客对生态旅游景区的品牌忠诚度，目的都是在其与游客之间形成长期的良好关系中获得长期（品牌）价值。根据对游客感知价值内涵的详细解读，生态旅游景区在品牌建设与品牌关系处理中，唯有切实向游客提供优质的产品功能和真诚的情感价值，才能有效地增强游客对生态旅游产品或服务实际消费经历的利得感知，从而为产生游客对生态旅游景区的品牌满意度创造前提。据此，本书提出如下假设。

H1：游客感知价值对游客品牌满意有显著正向影响。

2. *游客感知价值与游客品牌信任*

肇自 Howard 和 Sheth（1969）提出顾客品牌信任是决定其购买意向的主要因素之后，诸多理论研究开始探讨顾客品牌信任对其品牌忠诚的影响作用（Laroche and Sadokierski，1994；Chaudhuri and Holbrook，2001；Agustin and Singh，2005）。顾客感知价值，本质上是顾客在购买和消费产品或服务之后对产品或服务所形成的综合性评价，是一个主观经验性的变量，顾客由此所建立起来的品牌认知和经验是形成品牌信任的主要机制。实际而言，企业如果想维持与顾客之间良好且持久的品牌关系，首先就应当赢得顾客的品牌信任，因其可体现出品牌信任与消费者所面临的不确定性的购买风险有关（Dick and Basu，1994）。生态旅游作为一种新兴的旅游方式，对于不具备或者较少具备一定生态知识的旅游者而言，其所面临的产品或服务购买的心理风险较大，此时生态旅游景区应当尽可能创造游客的品牌信任环境，以实现游客对生态旅游景区的品牌承诺、依靠和期望，同时会提高生态旅游景区的品牌绩效。实际上，客源市场上存在部分风险偏好型生态旅游者，该群体对生态旅游产品存在特殊的感知价值，即在风险环境中尽管付出了巨大的成本获取生态旅游产品，但只要他们认为所获取的生态旅游体验可以满足其一直渴望的生态价值诉求，其主观评判的利得仍是大于利失的，其甚至会认为利失的过程也是一种利得的表现，这显然也是生态旅游活动有别于一般消费活动之处。综合来看，品牌型生态旅游景区因其可以提供卓越的生态旅游环境、新奇的生态旅游产品和优质的生态旅游服务，当游客在生态旅游体验过程中获取显著的感知价值之后，不确定性的风险环境会强化其对生态旅游景区的品牌信任。据此，本书提出如下假设。

H2：游客感知价值对游客品牌信任有显著正向影响。

3. 游客感知价值与游客品牌忠诚

诸多营销学理论已表明，顾客感知价值不仅是顾客品牌忠诚的直接前因，还会通过顾客品牌满意度最终影响顾客品牌忠诚度（Spiros et al., 2007）。例如，Chaudhuri 和 Holbrook（2001）研究表明，顾客对品牌的忠诚建立在其品牌信任基础上，而品牌信任则是顾客感知价值的集中体现。对于生态旅游景区而言，尽可能赢得多的对品牌具有忠诚度的游客，是其不断获取价值、提高市场竞争力的根本保证。如果从生态旅游景区品牌忠诚的内涵上理解，也可将其细分为态度忠诚和行为忠诚两个维度，即生态旅游者首先对生态旅游景区品牌产生积极的态度偏好，然后决定其表现出对生态旅游景区目的地的强烈重游意愿。实际上，游客对生态旅游景区品牌所承诺的服务质量的感知价值亦是促使其对生态旅游景区品牌产生持久正面态度的先决条件，从而会产生游客对生态旅游景区的品牌承诺行为，由此导致游客对特定生态旅游景区品牌麾下产品或服务进行重复购买。即使购买情境、营销手段等可以引发游客转换行为的因素存在，其也会对该生态旅游景区品牌进行不断的重复购买。据此，本书提出如下假设。

H3-1：游客感知价值对游客品牌态度忠诚有显著正向影响。

H3-2：游客感知价值对游客品牌行为忠诚有显著正向影响。

H3-3：游客品牌态度忠诚在游客感知价值和游客品牌行为忠诚之间具有部分中介作用。

4.3.2　游客感知价值影响生态旅游景区品牌的中介变量假设

根据所设概念模型可知，游客对品牌的感知价值会对游客品牌满意、游客品牌信任和游客品牌忠诚具有直接影响，同时游客品牌满意和游客品牌信任对游客品牌忠诚具有直接影响，即两者也是影响游客品牌忠诚的重要解释变量。所以，在上述理论机制中，游客品牌满意和游客品牌信任显然扮演着游客感知价值影响游客品牌忠诚的中介角色。

1. *游客品牌满意与游客品牌忠诚*

无论是顾客品牌满意与顾客品牌忠诚之间的关系，还是关于游客满意度与游客对景区的忠诚度之间的关系，既有研究为上述理论关系命题提供了大量理论解释和实验研究，即前者是后者的直接前因。例如，Wang 和 Wang（2010）以移动酒店预订服务为例，通过实证研究发现，由顾客感知利得和感知利失比较而形成的感知价值会借助游客满意度而对其行为倾向产生间接作用。实际上，在旅游学研究中，将游客感知价值、游客满意度和其行为倾向纳入统一的理论分析框架予以检验并论证这一因果关系链的既有研究同样较为丰富（高明，2011），只不过存在两种相似且部分差异的论点：其一，所谓“满意主导论”，即游客满意度是游客行为倾向的直接前因，而游客感知价值通过游客满意度间接影响其行为倾向，该种论断实际上肯定了游客满意度对游客感知价值影响游客行为倾向的中介效应，但忽略了游客满意度影响其行为倾向的直接效应（Mägi and Julander，1996；Gallarza and Gil-Saura，2006；Kim and Yoon，2013）；其二，所谓“间接影响说”，即游客感知价值和游客满意度都会影响其行为倾向，同时游客感知价值还会通过游客满意度间接影响其行为倾向（Chen and Chen，2010；Ha and Jang，2010）。据此，本书提出如下假设。

H4-1：游客品牌满意对游客品牌态度忠诚有显著正向影响。

H4-2：游客品牌满意对游客品牌行为忠诚有显著正向影响。

H4-3：游客品牌满意在游客感知价值和游客品牌态度忠诚之间起着中介作用。

H4-4：游客品牌满意在游客感知价值和游客品牌行为忠诚之间起着中介作用。

2. 游客品牌信任与游客品牌忠诚

从信任的内涵上理解，信任是产品或服务的买卖双方建立长久关系的基石。对某一品牌信任的消费者，会自然认为该品牌首先是可靠的，是可以向其做出质量承诺的（Spekman，1988）。诸多相关研究表明，品牌信任及其由此而产生的顾客对品牌的情感关系会影响消费者的品牌购买意向和对品牌的选择行为，从而决定了品牌忠诚（Delgado-Ballester and Munuera-Alemán，2005；袁登华等，2008；望海军，2012）。既有文献中关于旅游景区或者旅游目的地品牌塑造的研究内容已渐次丰富，但具体涉及细致揭示景区或者目的地品牌的游客忠诚形成机制的研究过于单薄，主要原因还是长期以来景区或者目的地在重视品牌建设时，仅从主体角度出发，而忽视游客的参与问题。此种以偏概全式的研究所导致的负面结果不可估量，对于生态旅游景区也不例外。

当游客参与生态旅游活动，尤其是涉及游客的空间移动问题时，游客在流动过程中会存在各种不确定性因素，如潜在安全、文化冲突、交通不便和价值差异等问题，由此会进一步加剧游客所面临的产品或服务的购买风险。因此，在上述可能出现的既定风险情境下，游客在与品牌型生态旅游景区进行互动时，在具体的产品或服务的购买和消费体验过程中，首先形成对生态旅游景区的初步品牌认知，并且随着旅游活动时间的推移或者生态旅游消费经验的积累，便会对生态旅游景区品牌产生信任和承诺，以至于对再次重游该品牌型生态旅游景区的意愿和态度更加坚定和强烈，最终会增强对该生态旅游景区的品牌忠诚度。据此，本书提出如下假设。

H5-1：游客品牌信任对游客品牌态度忠诚有显著正向影响。

H5-2：游客品牌信任对游客品牌行为忠诚有显著正向影响。

游客感知价值影响生态旅游景区品牌忠诚的中介关系如图 4-3 所示。

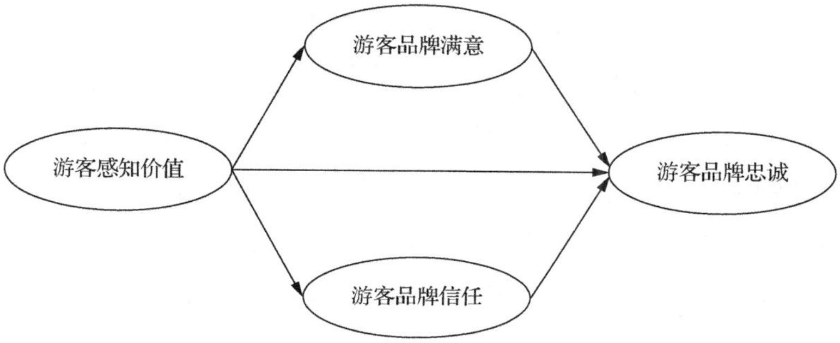

图 4-3　游客感知价值影响生态旅游景区品牌忠诚的中介关系

3. 游客品牌态度忠诚和行为忠诚

实际上，学术界对顾客忠诚的研究历久弥新，基本上支持 Day（1969）所提出的顾客忠诚是一个包含态度忠诚和行为忠诚的二维构念，顾客对品牌的忠诚不仅是对该品牌的持续重复购买，还包括其对该品牌态度上的偏好。在旅游学术研究中，也基本认同 Backman 和 Crompton（1991）将旅游目的地游客忠诚分为“态度+行为”二维结构的观点。其中，诸多实证研究表明，游客对目的地的态度忠诚显著正向影响其行为忠诚。实际上，按照游客的心理决策过程，其态度忠诚和行为忠诚存在先后次序和依次影响作用，态度忠诚是行为忠诚的最直接的预测变量，揭示游客忠诚度行为规律及其内在机制的关键在于态度忠诚旅游心理变量的研究（余意峰和丁培毅，2013）。据此，本书提出如下假设。

H6：游客品牌态度忠诚对其行为忠诚具有显著正向影响。

H7：游客品牌态度忠诚在游客品牌满意和游客品牌行为忠诚之间起着中介作用。

H8：游客品牌态度忠诚在游客品牌信任和游客品牌行为忠诚之间起着中介作用。

4.3.3　中介变量关系假设

由概念模型出发，模型中存在唯一的中介变量之间的关系路径，即游客品牌满意与游客品牌信任之间的作用关系。随着关系营销研究的逐渐深化，满意和信任成为关系营销领域的重要研究构念。消费者的满意形成于历史经验基础上其需求被满足的程度之后的总体评价（Wilson et al.，1995）。在既有研究中，尽管满意和信任是关系营销领域的两个关键变量，但是鲜有研究深入探讨两者之间的关系（Bendapudi and Berry，1997）。一般来说，基于消费经验得出的满意评价是信任的基本前提，而且满意与信任之间的关系强度应该呈正比关系，即消费者对消费过程和经验越满意，其对产品或服务的提供者越信任。从某种程度上讲，品牌满意是消费者对某品牌历史消费经验的累积性评价，而品牌信任则上升到因品牌满意而产生的更深层次的信赖、承诺和期望（Lau and Lee，1999；金玉芳等，2006；张建恩等，2010）。

Chen 和 Chen（2010）以遗产游客为研究对象，分析了游客的体验质量、感知价值、满意度和行为意愿之间的关系，研究结论发现，由遗产游客较高的感知价值而形成的满意和品牌信任对其后续行为意愿存在显著正向影响。在此理论机制中，游客品牌满意和游客品牌信任自然可能构成体验质量、感知价值和品牌忠诚的中介变量。粟路军和黄福才（2011）以乡村旅游者为例，研究表明，旅游者满意对旅游者信任会产生直接的积极影响。郭安禧等（2013）以到访厦门的城市游客为例，通过结构方程实证检验发现，游客感知价值会通过游客品牌满意和游客品牌信任积极影响其重游意向，其中游客品牌满意对游客品牌信任产生正向影响。据此，本书提出如下假设。

H9：游客品牌满意对游客品牌信任有显著正向影响。

H9-1：游客品牌信任在游客品牌满意和游客品牌态度忠诚之间起着中介作用。

H9-2：游客品牌信任在游客品牌满意和游客品牌行为忠诚之间起着中介作用。

游客品牌满意影响生态旅游景区品牌态度忠诚和行为忠诚的中介关系如图 4-4 所示。

图 4-4　游客品牌满意影响生态旅游景区品牌态度忠诚和行为忠诚的中介关系

由上述理论关系可知，生态旅游景区依靠其产品或服务的品牌质量，为游客所创造的额外价值和附加利益是形成游客对该生态旅游景区品牌满意性评价的前提条件。与此同时，当游客选择某一生态旅游景区品牌时，在其克服由客源地到目的地的空间移动成本过程中，势必面临诸多不可控的不确定条件和风险因素。如果景区并未真正为游客创造较高的游客感知价值，毫无疑问，游客所面临的诸多风险因素显然并不会使其对该生态旅游景区品牌产生信任，从而也不会做出态度或情感承诺，甚至是购买的行为倾向；如果该品牌型生态旅游景区为游客所创造的游客感知价值超过了其对所面临的外部风险因素可能带来的潜在负面作用，则会相应增加其对该生态旅游景区品牌的心理信任。据此，本书提出如下假设。

H10：游客品牌信任在游客感知价值和游客品牌态度忠诚之间起着中介作用。

H11：游客品牌信任在游客感知价值和游客品牌行为忠诚之间起着中介作用。

游客感知价值影响生态旅游景区品牌态度忠诚和行为忠诚的中介关系如图 4-5 所示。

图 4-5 游客感知价值影响生态旅游景区品牌态度忠诚和行为忠诚的中介关系

4.3.4 调节变量关系假设

由概念模型可知，转换成本对游客感知价值、游客品牌满意、游客品牌信任与生态旅游景区游客品牌忠诚之间的路径关系产生调节作用。具言之，转换成本可能会对上述影响关系产生正向的调节作用，即当游客参与生态旅游活动时，通过一系列服务接触过程，尽管游客会遭遇和承担综合类型的转换成本，但他们仍然会对该生态旅游景区品牌保持强烈的情感态度和持续的重游倾向。

1. 对游客感知价值与游客品牌忠诚关系的调节作用

在既有文献中，围绕转换成本对顾客感知价值和顾客品牌忠诚之间关系是否具有调节作用的实证研究较少，但这并不能主观地认为转换成本在其中并无任何作用。实际上，部分研究已经证明，转换成本是顾客感知价值与顾客品牌忠诚之间不可忽视的调节变量（Lam et al.，2004）。最具代表性的研究如 Yang 和 Peterson（2004），他们的研究发现，转换成本越高，顾客感知价值对顾客忠诚影响越小。从理论上讲，的确如此，游客在一次产品或消费体验中，通过对其所购买的产品或服务的价值进行感知后，仅是初步形成了对产品或服务的认识，当面临较高的转换成本时，其并不会轻易改变刚建立起的初次消费认同，尤其是在顾客已经获得符合其预期的感知价值的情况下。相反，当顾客此时面临较低的转换成本时，其可能会表现出相对强烈的改变忠诚的动机，甚至转换为具体行为。

当游客初次与某生态旅游景区进行接触时，游客其实面临着双重的心理压力，一是生态旅游景区提供的产品或服务是无形的；二是游客需要对其所购买的生态旅游产品或服务的实际消费经历进行主观评价。所以，游客在形成对生态旅游产品或服务的感知价值时，承受着双重的心理压力。在此种情况下，当游客初步获取了对生态旅游景区品牌良好的感知价值时，如果其面临较高的转换成本，则感知价值对生态旅游景区品牌的忠诚影响程度更小，因为如果要转换生态旅游景区品牌，游客会面临双重风险和压力。反之，当游客与生态旅游景区品牌互动过程中并未获取期望的感知价值时，即使转换成本高，由于游客会尽量避免再次出现较大的机会成本，也可能会改变其对该生态旅游景区的品牌忠诚。据此，本书提出如下假设。

H12：品牌转换成本对游客感知价值和游客品牌态度忠诚之间的关系具有调节作用。

H13：品牌转换成本对游客感知价值和游客品牌行为忠诚之间的关系具有调节作用。

2. *对游客品牌满意与游客品牌忠诚关系的调节作用*

经典的顾客满意与顾客忠诚理论指出，顾客品牌满意与顾客品牌忠诚之间并非简单的线性影响关系，而是可能会呈现较为复杂的非线性关系（邹德强等，2007）。最直接的现象是，满意的顾客并不意味着忠诚，忠诚的顾客也可能并不满意，前者依然可能会出现顾客流失，而后者也有可能出现对品牌所谓的“伪忠诚”。实际上，上述理论“悖论”的出现是顾客所承担的转换成本过低或过高所致。对于前者，主要原因在于顾客所承担的品牌转换成本过低，使满意的顾客也并未一定会上升到对品牌的忠诚；关于后者，则是顾客所面临的品牌转换成本过高所致。由此得知，一般情况下，转换成本会在顾客品牌满意与顾客品牌忠诚之间产生负向调节作用（Aydin et al.，2005）。

一般而言，游客参与某种类型的生态旅游活动，或者希望得到何种类型的生态旅游消费体验和效用，通常来讲，具有较强的目的指向性，并且鉴于生态旅游产品或服务购买上的心理风险，游客在真正做出生态旅游产品和服务的购买决策时，已经付出了各种类型的搜索、财务和学习等成本。如果考虑两种条件，一是游客对某生态旅游品牌具有满意评价，二是游客转换生态旅游品牌，尤其是后者所表达的是，游客除非在短时期内改变自己对某种类型的旅游产品或服务的需求偏好和审美愉悦，否则，即使当游客面临较低的转换成本时，游客对其满意的生态旅游景区所形成的品牌忠诚也很难进行改变。当然，当游客预期会承担较高的转换成本时，持不满意态度的游客也不会轻易改变其对该类型生态旅游景区的品牌忠诚。据此，本书提出如下假设。

H14：品牌转换成本对游客品牌满意和游客品牌态度忠诚之间的关系具有调节作用。

H15：品牌转换成本对游客品牌满意和游客品牌行为忠诚之间的关系具有调节作用。

3. 对游客品牌信任与游客品牌忠诚关系的调节作用

从相关文献综述判断，关于品牌转换成本对顾客品牌信任影响顾客品牌忠诚的调节作用的实证研究少见。Ibáñez 等（2006）以能源供应商为对象，实证研究表明转换成本对服务质量、满意度和信任影响顾客忠诚均存在显著的调节作用。其实，关于转换成本是否在此关系路径中产生调节作用的理论判断，可以从两个方面予以推断：一方面，从品牌信任的内涵上理解，其所反映的是当面临风险和不确定条件时，顾客对品牌可靠性的正面预期，以及顾客与品牌之间的良好关系，此时，作为态度属性的顾客品牌信任能更好地预测忠诚；另一方面，当顾客的感知风险和不确定性条件未知时，顾客出于对品牌质量的承诺信任，其对品牌更加依赖，更难做出品牌转换决策和行为，其对原有品牌的忠诚度就更高。

当游客克服了其参与某种类型生态旅游活动所必需的时间和金钱成本之后，为了深度体验且获取生态旅游景区品牌所提供的自身所偏好的教育和知识，而屡次与生态旅游景区品牌进行互动接触时，游客在每次实际旅游体验之后势必会积累诸多对该生态旅游景区品牌的评价意见。如果游客实现了累积性满意评价，并通过逐渐积累起对该品牌型生态旅游景区的互动经验形成其对生态旅游景区的品牌态度，以增强其对生态旅游景区的品牌信任，便会产生后续重购行为。实际上，在上述游客与生态旅游景区品牌的反复互动过程中，对某品牌型生态旅游景区而言，也是其感知价值逐渐增强的过程，当然游客在其中付出了诸多累积性机会成本，除非游客转向其他品牌型旅游景区所付出的转换成本低到游客认为不仅可以弥补其逐渐建立起的对该生态旅游景区品牌忠诚所付出的累积性成本，还可以获得比该生态旅游景区品牌为游客创造的更多感知价值，否则即使存在较低的转换成本，游客也很难改变其已经形成的品牌态度和忠诚。当然，如果存在较高的品牌转换成本，尤其是在品牌信任形成过程中，游客可能会面临较大的风险成本的情况下，游客更会倾向保持既有的生态旅游景区品牌忠诚。据此，本书提出如下假设。

H16：品牌转换成本对游客品牌信任和游客品牌态度忠诚之间的关系具有调节作用。

H17：品牌转换成本对游客品牌信任和游客品牌行为忠诚之间的关系具有调节作用。

4.4　量表设计与数据收集

4.4.1　样本选择与数据收集

问卷信度是指如果重复进行测量，一个问卷产生一致性结果的程度。为了保持问卷量表达到符合量表分析要求的信度，即为了确保跨时调查后相关问卷题项依然测量了共同的内容或特质，本书依据再测信度（test-retest reliability）原理，主要目的是反映问卷量表测验跨越时间的稳定性和一致性。因此，作者应用同一问卷量表，先后于 2015 年 5～9

月和2017年11～12月在位于杭州市城西地区的西溪国家湿地公园进行了两次现场问卷调查。此项调查的策略主要考虑了上述两个季节时间段分别处于西溪国家湿地公园旅游活动的淡旺季，可以有效反映调查对象对西溪国家湿地公园不同旅游时期的主观评价信息。

西溪国家湿地公园是一个集城市湿地、农耕湿地、文化湿地于一体的国家湿地公园，整个景区范围分为三个主要功能区块：东部湿地生态保护培育区、中部湿地生态旅游休闲区和西部湿地生态景观封育区。出于本书研究内容的基本要求，本书选择到访西溪国家湿地公园旅游的游客作为主要调研对象，原因有二：其一，西溪国家湿地公园被评为国家AAAAA级旅游景区；其二，西溪国家湿地公园因生态而美、由生态而兴，其作为国内最具品牌知名度的生态旅游景区，每年吸引大量游客，已经成为继西湖后，杭州旅游发展的又一重要增长极。

第一次问卷发放地点分别选在西溪国家湿地公园内部深潭口休息处和周家村出入口处，主要采用随机拦截式抽样方法进行研究对象数据采集。为了提高被调研游客接受调查的积极性，以确保所获取样本较高的有效率，被调研游客会被赠送1份西溪国家湿地公园旅游纪念品以示感谢。本次调查共发放问卷450份，收回430份，剔除部分严重缺失和随意填写明显的问卷，最终获得有效问卷402份，有效率为89.33%。

第二次问卷发放地点之一仍选在位于天目山路的西溪国家湿地公园周家村（出入口），原因在于此处设有游客中心寄存部，游客流量较大。另外，在河渚街（深潭口出口免费区）也发放了部分问卷。同时，在西溪国家湿地公园内部烟水渔庄、古樟树下和深潭口上船码头等区域也分别进行了问卷发放。本次问卷发放需要说明的是：①被调研游客会被赠送1份西溪国家湿地公园精美明信片以示感谢；②对到访湿地公园内的团队和散客随机发放问卷；③问卷发放过程中得到了杭州西溪湿地经营管理有限公司和西溪国家湿地公园品牌发展部的鼎力支持。此次调查共发放问卷442份，最终收回415份有效问卷，有效率为93.89%。

两次调查总共817份问卷量表的样本统计学分析如表4-1所示。

表 4-1　样本统计学分析

指标	项目	频数	百分比/%	指标	项目	频数	百分比/%
性别	男	425	52.0	职业	公务员	84	10.3
	女	392	48.0		企业职工	323	39.5
受教育程度	高中及以下	124	15.2		教师	101	12.4
	大专	180	22.0		学生	148	18.1
	本科	368	45.0		离退休人员	37	4.5
	硕士及以上	145	17.8		自由职业者	124	15.2
月收入/元	3000 及以下	154	18.8	年龄	18 岁以下	43	5.3
	3001～4500	197	24.1		18～35 岁	467	57.1
	4501～6000	199	24.4		36～45 岁	200	24.5
	6001 及以上	267	32.7		46 岁及以上	107	13.1

对调研样本进行初步描述性分析，从性别来看，男性（52.0%）占比略高于女性（48.0%），初步说明男性游客比女性游客更倾向于参与生态旅游活动；在对被调研游客受教育程度分析中，拥有本科及以上学历的游客占比为 62.8%，从而充分说明拥有高学历和知识的游客更偏好于生态旅游活动；在月收入调查中，6001 元及以上的游客占比为 32.7%，反映出高收入人群相比较低收入人群拥有较为强烈的生态旅游诉求；在职业调查中，企业职工占比最高，为 39.5%，其次为学生（18.1%），然后依次是自由职业者（15.2%）、教师（12.4%）、公务员（10.3%）、离退休人员（4.5%），说明企业职工是参与生态旅游活动的主要群体；在年龄调查中，18～35 岁年龄段游客占比最高，为 57.1%，说明青年人群对生态旅游活动愈发偏爱。

4.4.2　变量测量

1. 游客感知价值

参考由 Sweeney 和 Soutar（2001）编制的顾客感知价值量表，并借鉴 Cai 和 Woods（1993）及 O' Neill 和 Mckenna（1994）所编制的游客感知价值量表，最终形成 4 个题项，如表 4-2 所示。采用 Likert 7 点量表，1 为“非常不同意”，7 为“非常同意”，代表性项目如“相对于自身所感受到的愉悦体验，购买品牌型生态旅游景区产品和服务付出是值得的”。本研究中内部一致性系数为 0.813。

表 4-2　游客感知价值量表

维度	测量题项
游客感知价值	相对于自身所感受到的愉悦体验，购买品牌型生态旅游景区产品和服务付出是值得的
	相对于付出的时间、精力与财物成本，购买品牌型生态旅游景区产品和服务物有所值
	享受品牌型生态旅游景区产品和服务感觉比较划算
	生态旅游景区产品和服务满足了游客的需求

2. 游客品牌满意

参考由 McDougall 和 Levesque（1995）编制的顾客满意量表，并借鉴 Araña 和 León（2013）所修正的游客品牌满意量表，最终形成 4 个题项，如表 4-3 所示。采用 Likert 7 点量表，1 为“非常不同意”，7 为“非常同意”，代表性项目如“与其他类型景区相比，品牌型生态旅游景区产品和服务更让我满意”。本研究中内部一致性系数为 0.769。

表 4-3　游客品牌满意量表

维度	测量题项
游客品牌满意	与其他类型景区相比，品牌型生态旅游景区产品和服务更让我满意
	我对在品牌型生态旅游景区的旅游经历感到满意
	品牌型生态旅游景区产品和服务让我感到愉悦
	选择品牌型生态旅游景区是一个非常正确的决定

3. 游客品牌信任

参考由 Fournier（1994）编制的顾客品牌信任量表，并借鉴 Chen 和 Chen（2010）所编制的游客品牌信任量表，最终形成 4 个题项，如表 4-4 所示。采用 Likert 7 点量表，1 为“非常不同意”，7 为“非常同意”，代表性项目如“我相信品牌型生态旅游景区可以确保其产品和服务质量”。本研究中内部一致性系数为 0.815。

表 4-4　游客品牌信任量表

维度	测量题项
游客品牌信任	我相信品牌型生态旅游景区可以确保其产品和服务质量
	我相信不需要监督，品牌型生态旅游景区会审慎地提供产品和服务
	我认为品牌型生态旅游景区不会损害游客利益
	我认为品牌型生态旅游景区相关旅游信息不会欺骗游客

4. 品牌转换成本

参考并借鉴由 Jones 等（2002）和 Burnham 等（2003）所开发的服务转换成本量表，最终设置 3 个题项，如表 4-5 所示。采用 Likert 7 点量表，1 为“非常不同意”，7 为“非常同意”，代表性项目如“对于非品牌型生态旅游景区能否带来较高的产品和服务质量，我不太确定”。本研究中内部一致性系数为 0.730。

表 4-5　品牌转换成本量表

维度	测量题项
品牌转换成本	对于非品牌型生态旅游景区能否带来较高的产品和服务质量，我不太确定
	选择非品牌型生态旅游景区旅游，感觉与已付出的时间、精力与财物成本不匹配
	如果不去品牌型生态旅游景区旅游，我也不知如何选择

5. 游客品牌忠诚

参考由 Sirohi 等（1998）和 Chaudhuri 和 Holbrook（2001）所开发的顾客品牌忠诚量表，并吸收 Chen 和 Gursoy（2001）所编制的游客品牌忠诚量表，最终形成态度忠诚 3 个题项、行为忠诚 5 个题项，如表 4-6 所示。采用 Likert 7 点量表，1 为“非常不同意”，7 为“非常同意”，态度忠诚代表性项目如“我认为生态旅游景区品牌影响我的旅游目的地选择”，行为忠诚代表性项目如“我会推荐其他人到品牌型生态旅游景区旅游”。本研究中内部一致性系数分别为 0.736 和 0.763。

表 4-6　游客品牌忠诚量表

维度	测量题项
游客品牌态度忠诚	我认为生态旅游景区品牌影响我的旅游目的地选择
	我觉得在品牌型生态旅游景区旅游成为我生活中难忘的一部分
	我愿意继续到此旅游，因为该生态旅游景区品牌对我而言是个不错的选择
游客品牌行为忠诚	我会推荐其他人到品牌型生态旅游景区旅游
	我非常愿意在该品牌型生态旅游景区旅游
	我将来还会去其他品牌型生态旅游景区旅游
	我会告诉身边的朋友，品牌型生态旅游景区旅游经历物有所值
	如果品牌型生态旅游景区门票价格稍微提高，我将会去非品牌型生态旅游景区

以上所涉及的有关构念的量表均采用翻译-回译程序翻译成中文，以便对其中的差异进行调整和修正，然后用于实际的测量，以确保最终量表具有较高的内容效度。

4.4.3　预调研

在进行大规模调研之前，为确保问卷量表的可行性和正确性，主要采用 CITC（corrected item-total correlation，校正的项目总体相关性）进行题项筛选，即主要标准是若删除某一测量题项，则可提升整体信度。预调研的主要目的是通过对所编制问卷量表的信度和效度进行初步分析，根据 CITC 删除题项标准（CITC>0.4），从而使问卷测量题项得到净化，以形成最终发放问卷量表。

1. 游客感知价值

由表 4-7 可以看出，游客感知价值量表的所有测量题项的总体相关性基本在 0.5 以上，并且不可删除任何一个测量题项，否则无法提高该构念的 Cronbach's α 值，故应予保留游客感知价值的全部测量题项。

表 4-7　游客感知价值 CITC 分析

项目编号	CITC	项目已删除 Cronbach's α 值	Cronbach's α 值
CV1	0.701	0.754	0.824
CV2	0.732	0.739	
CV3	0.670	0.769	
CV4	0.500	0.741	

2. 游客品牌满意

由表 4-8 可以看出，游客品牌满意量表的所有测量题项的总体相关性均在 0.6 以上，并且不可删除任何一个测量题项，否则无法提高该构念的 Cronbach's α 值，故应予保留游客品牌满意的全部测量题项。

表 4-8　游客品牌满意 CITC 分析

项目编号	CITC	项目已删除 Cronbach's α 值	Cronbach's α 值
CS1	0.635	0.828	0.848
CS2	0.681	0.808	
CS3	0.743	0.782	
CS4	0.684	0.807	

3. 游客品牌信任

由表 4-9 可以看出，游客品牌信任量表的所有测量题项的总体相关性均在 0.5 以上，并且不可删除任何一个测量题项，否则无法提高该构念的 Cronbach's α 值，故应予保留游客品牌信任的全部测量题项。

表 4-9　游客品牌信任 CITC 分析

项目编号	CITC	项目已删除 Cronbach's α 值	Cronbach's α 值
CT1	0.501	0.740	0.824
CT2	0.691	0.764	
CT3	0.727	0.740	
CT4	0.713	0.748	

4. 品牌转换成本

由表 4-10 可以看出，品牌转换成本量表的所有测量题项的总体相关性均在 0.5 以上，并且不可删除任何一个测量题项，否则无法提高该构念的 Cronbach's α 值，故应予保留品牌转换成本的全部测量题项。

表 4-10 品牌转换成本 CITC 分析

项目编号	CITC	项目已删除 Cronbach's α 值	Cronbach's α 值
PC1	0.514	0.702	0.734
PC2	0.606	0.590	
PC3	0.572	0.641	

5. 游客品牌忠诚

由表 4-11 可以看出，在游客品牌态度忠诚量表中，所有测量题项的总体相关性基本在 0.5 以上，并且不可删除任何一个测量题项，否则无法提高该构念的 Cronbach's α 值，故应予保留游客品牌态度忠诚的全部测量题项；在游客品牌行为忠诚量表中，倘若删除 CBL5 “如果品牌型生态旅游景区门票价格稍微提高，我将会去非品牌型生态旅游景区”测量题项，游客品牌行为忠诚构念 Cronbach's α 值可以上升到 0.847，超过了 0.791，故在游客品牌行为忠诚量表中删除 CBL5 题项。

表 4-11 游客品牌忠诚 CITC 分析

项目编号	CITC	项目已删除 Cronbach's α 值	Cronbach's α 值
游客品牌态度忠诚			
CAL1	0.510	0.696	0.751
CAL2	0.531	0.481	
CAL3	0.505	0.522	
游客品牌行为忠诚			
CBL1	0.589	0.684	0.791
CBL2	0.650	0.698	
CBL3	0.561	0.672	
CBL4	0.614	0.670	
CBL5	0.072	0.847	

4.4.4 实施步骤

根据本书概念模型建构，尤其是潜变量路径之间的假设关系，本书主要使用 SPSS 19.0 和 Amos 21.0 统计分析软件对调研样本数据进行数据验证拟合，从而对测量和结构模型进行实证检验。样本数据分析方法如下所列。

1）描述性统计与相关性分析。一方面，用于了解被调研对象的基本情况；另一方面，用于观察相关构念之间的相关性与显著程度。

2）信效度分析。其一，信度检验以 Cronbach's α 值大于 0.7 为判断标准。其二，在效度检验部分，主要对构念之间的收敛效度和判别效度进行检验，前者以平均提取方差（average variance extracted，AVE）大于 0.5 为判断标准，即 AVE 大于 0.5 表明构念之间存在收敛效度；后者以 AVE 与构念之间相关系数的平方比较为判断标准，若 AVE 值大于相关系数平方，表明构念之间具备良好的判别效度。

3）为了在模型实证分析之前，确保问卷量表具有稳定性和一致性的信度，尤其是为了检验在同一地点两次发放的问卷样本数据是否具有显著差异性，对两个样本进行独立样本 T 检验。

4）回归分析。基于 SPSS 19.0 统计分析软件主要用于结构模型中对以品牌转换成本为调节变量的相关调节作用进行实证检验，主要表现在品牌转换成本对游客感知价值影响游客品牌忠诚的直接调节作用和品牌转换成本分别与游客感知价值、游客品牌信任和游客品牌忠诚所组成的有调节的中介作用进行实证检验。

5）实证分析。基于 Amos 21.0 统计分析软件主要对结构方程模型中潜变量之间的路径假设关系进行验证性因子分析，以检验本书所设概念模型是否得到了所获样本数据的合理拟合。

众所周知，顾客感知价值已是管理学中较为成熟的学术概念，围绕顾客感知价值前因和后果的影响机制在不同行业或者案例情境中也被反复进行研究和验证。与其不同，近年来，随着生态旅游景区人地关系愈发紧张，如何通过旅游景区的品牌塑造以提升其价值，尤其是注重挖掘游客对生态旅游景区品牌的感知价值成为探索生态旅游景区实现可持续发展的有益途径。因此，本书将游客感知价值引入生态旅游景区品牌塑造框架中，目的在于揭示游客感知价值对生态旅游景区品牌忠诚的影响机制，这对于生态旅游景区在实施品牌战略过程中进行科学的游客管理行为具有重要作用。但需要面对的研究事实是，鉴于生态旅游景区品牌概念的新颖性，尽管实践领域已有关于旅游（景区、目的地）品牌概念的相关研究，但对游客感知价值和生态旅游景区品牌的概念界定始终未达成一致。因此，在具体展开后续研究之前，有必要首先对游客感知价值和生态旅游景区品牌两个关键变量进行必要的概念界定，以明确其基本内涵。

第 5 章　数据有效性分析

5.1 变量相关性分析

5.1.1 共同方法偏差检验

本书采用问卷调查法获取样本数据，并且前后始终由同一被试对象提供调查信息，尽管已经做到匿名填写调查问卷，但因考虑所测量的全部构念均来源于同一份问卷，仍不符合问卷分析之前控制共同方法偏差（common method bias，CMB）的步骤，所以应首先对所获取的样本数据进行共同方法偏差检验。对共同方法偏差的检验，目前主要有两种常规方法：一是 Harman's 单因素检验（Podsakoff and Organ，1986），即对全部测量题项进行因子分析，并检查未旋转状态下的因子分析结果，如果因子分析结果并没有出现单一的公因子，就说明不存在共同方法偏差（钱丽萍和任星耀，2012）；二是偏相关分析检验（Podsakoff et al.，2003），即通过探索性因子分析分离出未旋转的第一公因子，然后控制该公因子后得到因变量和解释变量之间的偏相关系数，并将其与初始的因变量和解释变量的相关系数进行对比，如果之前的相关系数显著性未改变，则说明不存在共同方法偏差。本书中采用第一种检验方法，结果显示，第一个主成分解释的变异为 15.65%，未占到总变异解释量（61.01%）的一半，所以基本判定共同方法偏差并不显著。

5.1.2 描述性统计结果

表 5-1 分别报告了本书中各变量的均值（M）、标准差（SD）、相关系数（*r*）和内部一致性系数。在对本书所提出的假设关系进行实证检验之前，可通过变量之间的相关系数及显著性来初步判断变量之间的影响关系。

表 5-1　描述性统计和相关系数（N=817）

变量	M	SD	1	2	3	4	5	6	7	8	9	10	11
1．性别	1.48	0.50											
2．年龄	2.45	0.79	−0.059										
3．受教育程度	2.66	0.95	0.005	−0.073*									
4．职业	3.13	1.59	0.09**	0.047	−0.296**								
5．月收入	2.71	1.11	−0.248**	0.226*	0.295**	−0.302**							
6．游客感知价值	5.82	0.97	−0.057	0.122**	−0.184**	0.026	0.027	(0.824)					
7．游客品牌满意	5.90	0.89	−0.041	0.148**	−0.137**	−0.053	0.084**	0.714**	(0.848)				
8．游客品牌信任	5.52	1.17	−0.024	0.145**	−0.238**	0.045	0.007	0.616**	0.646**	(0.824)			
9．品牌转换成本	5.42	1.18	−0.062	0.107**	−0.139**	0.051	−0.010	0.472**	0.435**	0.541**	(0.734)		
10．游客品牌态度忠诚	5.77	0.99	−0.123**	0.103**	−0.085*	0.062	0.056	0.484**	0.510**	0.482**	0.641**	(0.751)	
11．游客品牌行为忠诚	5.79	0.82	−0.051	0.138**	−0.1056**	0.012	0.081*	0.503**	0.577**	0.534**	0.526**	0.610**	(0.791)

注：括号内为内部一致性系数。

*p<0.05（双尾）。

**p<0.01。

在游客品牌忠诚的相关关系中，对于游客品牌态度忠诚，游客感知价值（r=0.484，p<0.01）、游客品牌满意（r=0.510，p<0.01）、游客品牌信任（r=0.482，p<0.01）、品牌转换成本（r=0.641，p<0.01）与其有显著正相关关系；对于游客品牌行为忠诚，游客感知价值（r=0.503，p<0.01）、游客品牌满意（r=0.577，p<0.01）、游客品牌信任（r=0.534，p<0.01）、品牌转换成本（r=0.526，p<0.01）也均与其存在显著正相关关系。此外，游客感知价值还分别与游客品牌满意（r=0.714，p<0.01）和游客品牌信任（r=0.616，p<0.01）显著正相关。变量相关性统计结果与关系假设相符。

5.2　调查样本差异检验

5.2.1　独立样本解释

独立样本 T 检验方法主要用于检验两个样本是否来自具有相同均值的总体。所谓独立样本，是指两个取值相互独立的总体。独立样本常用于比较两个总体的同一统计特征。例如均值，通过独立样本的统计检验，可以得知两个总体的均值是否有显著差异。此检验的前提条件是两个总体的分布都是正态分布并且总体相互独立。本书选择两个时间段对同一问卷量表在西溪国家湿地公园进行发放，为了确保样本数据的差异性，需对两个样本数据进行独立样本 T 检验。

5.2.2　检验程序步骤

第一步：提出原假设。由于检验两个独立总体 X、Y 均值是否相等，原假设可以写成：

$$\mathrm{H}_0:\mu_1=\mu_2$$

其中，μ_1 代表总体 X 的均值；μ_2 代表总体 Y 的均值。两个总体的均值都是未知的。

第二步：选择检验统计量并给出统计量的分布。假设总体服从正态分布，按照两个总体的方差是否相等，检验 T 统计量有不同的构成。

第一种情况：当两个总体的方差相等时，将两个总体的方差合并作为方差的估计，称为修正的样本标准差 S_P，其定义为

$$S_P = \frac{\sum_{i=1}^{n_1}(X_i - \bar{X})^2 + \sum_{j=1}^{n_2}(Y_j - \bar{Y})^2}{n_1 + n_2 - 1} = \frac{(n_1 - 1)S_1^2 + (n_2 - 1)S_2^2}{n_1 + n_2 - 1}$$

其中，n_1、n_2 分别代表两个独立样本的样本数；S_1^2、S_2^2 分别代表两个总体的修正样本方差。

T 统计量的定义为

$$T = \frac{\bar{X} - \bar{Y} - (\mu_1 - \mu_2)}{S_P / \sqrt{n}}$$

在原假设为真（即总体均值确实等于待检验值）的条件下，此统计量服从自由度为 $n_1 + n_2 - 2$ 的 T 分布。

第二种情况：当两个总体方差不相等时，分别采用各自样本方差，此时独立样本均值差的方差定义为

$$S_{12}^2 = \frac{S_1^2}{n_1} + \frac{S_2^2}{n_2}$$

统计量定义为

$$T = \frac{\bar{X} - \bar{Y} - (\mu_1 - \mu_2)}{S_{12}}$$

当原假设为真时，此统计量服从修正自由度的 T 分布，修正自由度 f 定义为

$$f = \frac{\left(\frac{S_1^2}{n_1} + \frac{S_2^2}{n_2}\right)^2}{\frac{\left(\frac{S_1^2}{n_1}\right)^2}{n_1} + \frac{\left(\frac{S_2^2}{n_2}\right)^2}{n_2}}$$

总之，两个独立样本 T 检验，两个总体的方差是否相等是决定如何

计算抽样分布方差的关键，因此，有必要通过有效的方式对方差是否相同进行检验。在 SPSS 19.0 统计分析软件中可以通过 Levene *F* 方法采用 *F* 统计量进行检验。

第三步：SPSS 19.0 统计分析软件会根据样本观测值自动计算 *T* 统计量，并同时测算出相伴概率（Sig.）。

5.2.3 检验结果解释

为了检验两次问卷量表发放所收集数据信息差异性是否显著，需要进行科学的两个总体均值差异的统计检验，这样才能客观评判两个总体样本之间是否存在真实的差异性，从而有效确保尽可能获取两次问卷量表发放的样本信息。基于此，对两次问卷样本中相关潜变量均值的差异性进行比较，需采用独立样本 *T* 检验进行统计分析，以确定两个总体样本中相应潜变量的均值是由抽样误差引起的，还是两者之间确实存在差异。需要说明的是，在假设检验中使用独立样本 *T* 检验之前，对于大样本（数量大于 30），即可满足所要求的两个总体样本遵循正态分布要求。

将所获取的两组样本进行独立样本 *T* 检验，由表 5-2 可知，在 Levene 方差齐性检验中，所有潜变量方差齐性检验 *F* 值所对应的相伴概率（Sig.）均大于给定显著性水平 0.05，说明这显然并不是一个小概率事件，从而无法拒绝原假设，即两个总体样本方差相等，表示两个总体样本的方差是齐性的，表明独立样本 *T* 检验所要求的方差同质性前提得以满足。因为方差是齐性的，根据方差齐性假设，所有潜变量独立样本 *T* 检验统计量所对应的相伴概率（Sig.）均小于给定显著性水平 0.05，因此应当拒绝原假设，认为两次不同季节和时间段在西溪国家湿地公园所发放的问卷量表数据并非相同，而是存在显著的差异性。同时，由各潜变量所对应的 95%置信区间均为包含 0，也可说明两次独立样本总体均值的差异显著并不为 0。通过以上检验可以得知，本书为了确保尽可能充分获取样本信息，提高对研究模型实证检验的估计效率，在西溪国家湿地公园所进行的两次问卷发放所收集的样本数据具有显著差异的代表性。

表 5-2 独立样本 T 检验

Levene 方差齐性检验				均值方差 T 检验						
变量	类别	F 值	Sig.	T 值	df	Sig.	均值差值	标准误差	95%置信区间 低	95%置信区间 高
CV	假设方差相等	0.261	0.688	2.079	815	0.037	0.239 61	0.067 70	0.131 94	0.133 83
	假设方差不等			2.071	813.589	0.037	0.239 61	0.067 71	0.131 96	0.133 85
CS	假设方差相等	0.291	0.590	2.312	815	0.022	0.125 41	0.062 46	0.117 20	0.128 02
	假设方差不等			2.32	813.633	0.022	0.125 41	0.062 47	0.117 21	0.128 04
CT	假设方差相等	1.815	0.178	3.678	815	0.000	0.111 15	0.081 65	0.149 12	0.171 43
	假设方差不等			3.671	813.524	0.000	0.111 15	0.081 65	0.149 15	0.171 46
PC	假设方差相等	0.561	0.326	2.852	815	0.016	0.100 38	0.069 39	1.145 89	1.265 0
	假设方差不等			2.798	814.073	0.016	0.100 38	0.069 39	1.126 51	1.145 90
CAL	假设方差相等	1.803	0.169	3.521	815	0.000	0.119 70	0.082 32	0.151 96	0.161 20
	假设方差不等			3.196	813.918	0.000	0.119 70	0.082 32	0.151 97	0.161 21
CBL	假设方差相等	0.583	0.699	2.612	815	0.016	0.121 20	0.057 69	0.092 03	0.134 44
	假设方差不等			2.596	814.684	0.016	0.121 20	0.057 69	0.092 01	0.134 42

5.3 信度与效度检验

5.3.1 信度检验

信度分析主要用于检验问卷量表是否具有稳定性和一致性，学术界采用 Cronbach's α 值来检验问卷量表的内部一致性程度，一般根据 Cronbach's α 值大于 0.7 作为信度检验标准，Cronbach's α 值越大，问卷量表的内部一致性程度越高（Hair et al.，1998）。根据净化后的测量题项，每个构念的 Cronbach's α 值已在表 5-1 的对角线中予以列示，可以看到，所有构念的 Cronbach's α 值均大于 0.7，说明结构模型中的每个构念均具备良好的信度。

5.3.2　效度检验

效度检验是指测量工具或手段能够准确反映或测出所需测量的概念真实含义的程度。效度主要分为内容效度（face validity）、准则效度（criterion validity）和建构效度（construct validity）。由于本书所选择的每个构念的测量题项均来自已经得到数据验证并已公开发表的成熟量表，最终问卷量表的内容效度可以保证，所以重点对问卷量表的建构效度进行检验。

建构效度主要分为收敛效度和判别效度。收敛效度主要通过测量每个构念测量题项的标准化载荷系数和其平均提取方差进行检验。判别效度检验主要包括三种方法：其一，任意选择两个因子，比较其卡方值变化，如果卡方值变化显著，表明两个因子之间具有判别效度；其二，在 95%置信区间内，任意两个因子之间相关系数不包含 1；其三，两个因子相关系数平方要小于其 AVE 值。

如表 5-3 所示，测量模型中每个构念的 Cronbach's α 值和组合信度（composite reliability，CR）均大于 0.7，再次说明问卷量表具备良好的信度水平。同时，按照 Bagozzi 等（1981）的判断标准，每个构念的标准化因子载荷均大于 0.5，并且均显著（$p<0.05$）；此外，每个构念的 AVE 值均大于或等于 0.5，这说明问卷量表具备良好的收敛效度。

表 5-3　信度与效度检验

变量	测量题项	标准化因子载荷	Cronbach's α 值	CR	AVE
游客感知价值	CV1	0.83	0.824	0.828	0.555
	CV2	0.87			
	CV3	0.71			
	CV4	0.52			
游客品牌满意	CS1	0.69	0.848	0.851	0.589
	CS2	0.76			
	CS3	0.85			
	CS4	0.76			

续表

变量	测量题项	标准化因子载荷	Cronbach's α 值	CR	AVE
游客品牌信任	CT1	0.54	0.817	0.831	0.558
	CT2	0.76			
	CT3	0.84			
	CT4	0.81			
品牌转换成本	PC1	0.61	0.734	0.737	0.500
	PC2	0.77			
	PC3	0.70			
游客品牌态度忠诚	CAL1	0.51	0.751	0.699	0.533
	CAL2	0.76			
	CAL3	0.70			
游客品牌行为忠诚	CBL1	0.77	0.791	0.851	0.589
	CBL2	0.86			
	CBL3	0.74			
	CBL4	0.69			

由表 5-4 可以看出，结构模型中各个变量的 AVE 平方根与变量相关系数进行比较，均高于其与其他变量的相关系数，表明不同构念的测量题项之间的关联程度不高，这说明本书问卷量表变量之间同时具备良好的判别效度。

表 5-4　相关系数与 AVE 平方根

变量	1	2	3	4	5	6
1．游客感知价值	**0.745**					
2．游客品牌满意	0.714**	**0.768**				
3．游客品牌信任	0.616**	0.646**	**0.747**			
4．品牌转换成本	0.472**	0.435**	0.541**	**0.707**		
5．游客品牌态度忠诚	0.484**	0.510**	0.482**	0.641**	**0.730**	
6．游客品牌行为忠诚	0.503**	0.577**	0.534**	0.526**	0.610**	**0.768**

注：N=817；对角线上为 AVE 平方根，加粗显示。

*p<0.05（双尾）。

**p<0.01。

本章分三部分对模型实证分析之前的数据有效性问题进行了相应检验与说明。首先，在变量相关性分析中，通过共同方法偏差检验，以确定调查样本不存在因数据来源于同一被试对象而产生的共同方法偏差问题，随后对潜变量之间的相关系数进行了测算，初步观察潜变量之间的相关关系。其次，为了验证两次问卷样本数据是否具有显著的差异性，进而利用两个独立样本 T 检验进行统计推断，倘若满足独立样本 T 检验的三个前提假设条件，即可进入正式的独立样本 T 检验分析。独立样本 T 检验的关键是对两个分割的总体样本的方差进行比较，以验证是否相等，并按照方差的情况采用对应的统计量，再根据 SPSS 19.0 统计分析软件计算出的统计量观测值和相应的相伴概率（Sig.）进行统计决策。独立样本 T 检验表明，本书在西溪国家湿地公园所获取的两次样本数据中各潜变量均值方差 T 检验证实，两个总体样本数据具有显著的差异性，由此表明本书所获取的两次样本数据的信息量丰富，可以有效提升对研究模型的估计效率。最后，信度与效度检验用于检验问卷量表的稳定性、一致性和有效性，因而采用信度与效度检验评估问卷量表的测量能力。信度与效度检验表明，问卷量表不仅具有良好的信度，而且存在显著的差别效度和收敛效度。

第 6 章　调节与中介效应分析

6.1　验证性因子分析

为了再次检验本书结构模型所包括的六个变量之间的判别效度，需要进行验证性因子分析。具体做法是通过将六因子模型分别与五因子模型（游客感知价值、游客品牌满意、游客品牌信任、品牌转换成本、游客品牌态度忠诚+游客品牌行为忠诚）、四因子模型（游客感知价值、游客品牌满意、品牌转换成本、游客品牌态度忠诚+游客品牌行为忠诚+游客品牌信任）、三因子模型（游客感知价值、品牌转换成本、游客品牌态度忠诚+游客品牌行为忠诚+游客品牌信任+游客品牌满意）和单因子模型进行对比，以判断六因子模型数据拟合是否最佳。

如表 6-1 所示，一方面，六因子模型与五因子模型（$\Delta df = 5$，$\Delta\chi^2 = 62.82$，$p<0.001$），与四因子模型（$\Delta df = 9$，$\Delta\chi^2 = 458.87$，$p<0.001$）等模型相比，因其增加的卡方值统计显著，所以应选择六因子模型；另一方面，从各模型的验证性因子分析的模型拟合指标来看，六因子模型与其余模型相比，RMSEA 值最低，而 CFI 和 IFI 值最高，且大于 0.9，并且卡方（χ^2）与自由度（df）比值小于 3，故说明六因子模型数据拟合最佳。由此可以判定，上述变量具有良好的判别效度，确实是六个不同的构念。

表 6-1　验证性因子分析结果

模型	χ^2	df	χ^2 /df	RMSEA	CFI	IFI
六因子模型	495.46	174	2.85	0.067	0.914	0.916
五因子模型	558.28	179	3.12	0.072	0.899	0.900
四因子模型	954.33	183	5.22	0.102	0.795	0.797
三因子模型	1031.07	186	5.54	0.106	0.775	0.778
单因子模型	1347.62	189	7.13	0.123	0.691	0.695

注：RMSEA 即 root mean square error of approximation，表示近似误差均方根；CFI 即 comparative fit index，表示比较拟合指数；IFI 即 incremental fit index，表示增值拟合指数。

6.2　调节效应检验

本书采用逐步层级回归分析方法对调节效应进行实证检验，首先检验品牌转换成本对游客感知价值和游客品牌忠诚之间关系的调节作用，即品牌转换成本是否会调节游客感知价值对游客品牌态度忠诚和游客品牌行为忠诚的影响程度。在统计回归分析中，检验品牌转换成本作为调节变量的调节效应，主要通过游客感知价值与品牌转换成本的交互项系数是否显著来予以判定。

Baron 和 Kenny（1986）关于调节变量的检验步骤：①把样本人口统计学控制变量纳入回归方程（模型 1）；②在模型 1 的基础上纳入解释变量和调节变量（模型 2）；③将解释变量和调节变量构成的交互项纳入回归方程（模型 3）。需要注意的是，为了克服两个变量相乘所可能产生的模型共线性问题，在构建交互项之前，首先对解释变量和调节变量进行中心化处理。

6.2.1　品牌转换成本调节游客感知价值与游客品牌行为忠诚的关系

如表 6-2 所示，在控制了样本对象的人口统计学特征后，游客感知价值（模型 2，β=0.320，p<0.01）和品牌转换成本（模型 2，β=0.370，p<0.01）对游客品牌行为忠诚具有显著正向影响，游客感知价值与品牌转换成本的交互效应对游客品牌行为忠诚具有显著正向影响（模型 3，β=0.149，p<0.01）。这表明游客所面临的生态旅游景区品牌的转换成本越高，游客感知价值与其对生态旅游景区品牌的行为忠诚关系越强，即游客感知价值对游客品牌行为忠诚产生的作用愈发强烈。由此实证检验结果，H13 得到支持。

表 6-2　品牌转换成本对游客感知价值和游客品牌行为忠诚的调节作用检验

变量		游客品牌行为忠诚		
		模型 1	模型 2	模型 3
控制变量	性别	−0.036	0.011	0.009
	年龄	0.113	0.043	0.044

续表

变量		游客品牌行为忠诚		
		模型 1	模型 2	模型 3
控制变量	受教育程度	−0.108	−0.014	−0.012
	职业	−0.001	0.000	−0.002
	月收入	0.065	0.073	0.070
解释变量	游客感知价值		0.320**	0.388**
调节变量	品牌转换成本		0.370**	0.472**
交互效应	游客感知价值×品牌转换成本			0.149**
	R^2	0.036	0.369	0.369
	F	6.104**	67.464**	59.065**
	ΔR^2	0.036	0.332	0.000
	ΔF	6.104	212.889	0.538

$^{**}p<0.01$。

为进一步直观解释品牌转换成本对游客感知价值和游客品牌行为忠诚之间关系的调节作用，本书分别计算了高和低品牌转换成本与游客品牌行为忠诚之间关系的回归方程。根据 Cohen 等（2002）的建议，分别以高于品牌转换成本均值一个标准差和低于其均值一个标准差为基准刻画出了低和高品牌转换成本对游客品牌行为忠诚的影响差异。如图 6-1 所示，当游客面临较高的品牌转换成本时，游客感知价值对游客品牌行为忠诚的影响程度更高。换言之，该生态旅游景区在为游客创造价值的情况下，游客并不会轻易改变其对既有生态旅游景区品牌已经形成的行为忠诚。

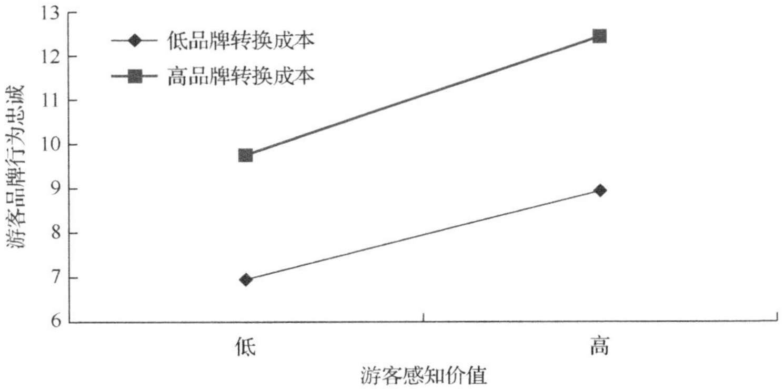

图 6-1　品牌转换成本对游客感知价值和游客品牌行为忠诚关系的调节作用

6.2.2　品牌转换成本调节游客品牌满意与游客品牌行为忠诚的关系

如表 6-3 所示，在控制了样本对象的人口统计学特征后，游客品牌满意（模型 3，β=0.601，p<0.01）和品牌转换成本（模型 3，β=0.644，p<0.01）对游客品牌行为忠诚具有显著正向影响，同时，游客品牌满意与品牌转换成本的交互效应对游客品牌行为忠诚具有显著正向影响（模型 3，β=0.420，p<0.05）。这表明游客所面临的生态旅游景区品牌的转换成本越高，游客品牌满意与其对生态旅游景区品牌的行为忠诚关系越强，即当游客对该生态旅游景区品牌越满意时，其对生态旅游景区品牌的行为忠诚更为强烈，H15 得到支持。

表 6-3　品牌转换成本对游客品牌满意和游客品牌行为忠诚的调节作用检验

变量		游客品牌行为忠诚		
		模型 1	模型 2	模型 3
控制变量	性别	−0.022	0.000	−0.003
	年龄	0.108	0.025	0.030
	受教育程度	−0.124	−0.006	−0.001
	职业	−0.001	0.031	0.025
	月收入	0.088	0.054	0.051
解释变量	游客品牌满意		0.423**	0.601**
调节变量	品牌转换成本		0.338**	0.644**
交互效应	游客品牌满意×品牌转换成本			0.420*
	R^2	0.036	0.431	0.434
	F	6.104	87.447**	87.447**
	ΔR^2	0.036	0.394	0.003
	ΔF	6.104	280.291	4.237

* $p < 0.05$。

** $p < 0.01$。

同样为了直观解释品牌转换成本对游客品牌满意和游客品牌行为忠诚之间关系的调节作用，首先要分别计算出高和低品牌转换成本与游客品牌行为忠诚之间关系的回归方程，同样以高于品牌转换成本均值一个标准差和低于其均值一个标准差为基准刻画出低和高品牌转换成本对游客品牌行为忠诚的影响差异。如图 6-2 所示，当游客面临较高的生态旅游景区品牌转换成本时，游客品牌满意对游客品牌行为忠诚的影响程度更高，即当游客对该生态旅游景区品牌呈现出满意评价时，游客并不太会轻易改变其对既有生态旅游景区品牌已经形成的行为忠诚。

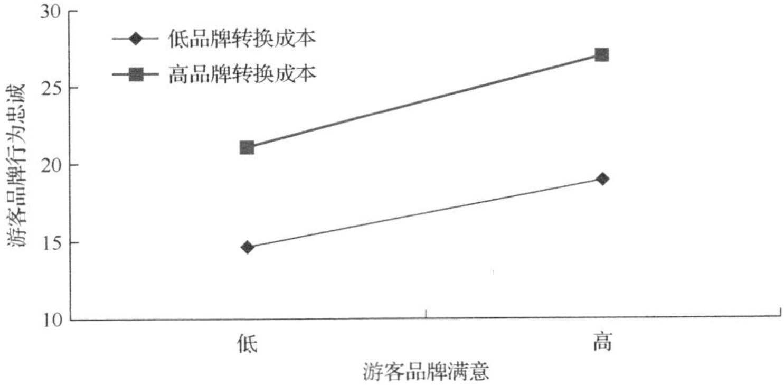

图 6-2　品牌转换成本对游客品牌满意和游客品牌行为忠诚关系的调节作用

6.2.3　品牌转换成本调节游客品牌信任和游客品牌行为忠诚的关系

如表 6-4 所示，在控制了样本对象的人口统计学特征后，游客品牌信任（模型 3，β=0.503，p<0.01）和品牌转换成本（模型 3，β=0.505，p<0.01）分别对游客品牌行为忠诚具有显著正向影响，同时，游客品牌信任与品牌转换成本的交互效应对游客品牌行为忠诚具有显著正向影响（模型 3，β=0.287，p<0.01）。这表明游客对生态旅游景区品牌越信任，当面临的潜在品牌转换成本高时，其对生态旅游景区品牌的忠诚度越难改变。换言之，当游客获得了感知价值，实现了品牌满意，进而累积形成了其对生态旅游景区品牌信任时，即使游客存在转变生态旅游景区品牌动机，由于较高的品牌转换成本的存在，其也不会轻易改变其对既有生态旅游景区品牌的行为忠诚，H17 得到支持。

表 6-4　品牌转换成本对游客品牌信任和游客品牌行为忠诚的调节作用检验

变量		游客品牌行为忠诚		
		模型 1	模型 2	模型 3
控制变量	性别	−0.022	−0.002	−0.006
	年龄	0.108	0.036	0.040
	受教育程度	−0.124	0.005	0.009

续表

变量		游客品牌行为忠诚		
		模型 1	模型 2	模型 3
控制变量	职业	-0.001	0.001	-0.003
	月收入	0.088	0.072	0.067*
解释变量	游客品牌信任		0.348**	0.503**
调节变量	品牌转换成本		0.335**	0.505**
交互效应	游客品牌信任×品牌转换成本			0.287**
	R^2	0.036	0.373	0.375
	F	6.104**	68.739**	60.53**
	ΔR^2	0.036	0.337	0.002
	ΔF	6.104	217.19	217.19

* $p < 0.05$。

** $p < 0.01$。

同样依据上述交互效应表现原理，为了形象展示品牌转换成本对游客品牌信任和游客品牌行为忠诚之间关系的调节作用，要分别计算出高和低品牌转换成本与游客品牌行为忠诚之间关系的回归方程，同样以高于品牌转换成本均值一个标准差和低于其均值一个标准差为基准刻画出高和低品牌转换成本条件下，游客品牌信任对游客品牌行为忠诚的影响差异。如图 6-3 所示，当游客面临较高的品牌转换成本时，游客品牌信任对游客品牌行为忠诚的影响程度要高于其所面临较低的品牌转换成本状态，这也充分验证了游客品牌信任对增强游客品牌行为忠诚的重要性。

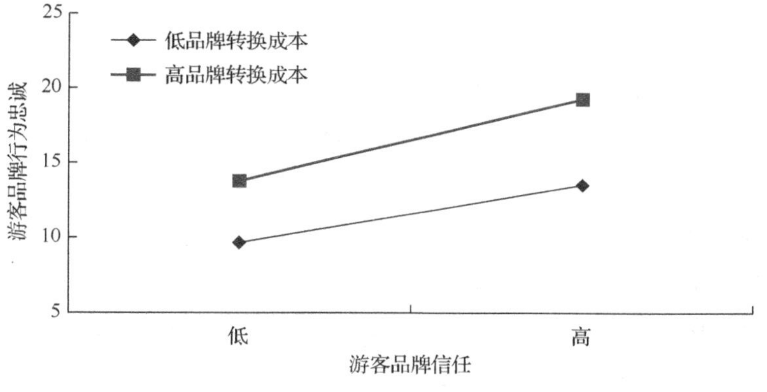

图 6-3　品牌转换成本对游客品牌信任和游客品牌行为忠诚关系的调节作用

6.3　有中介的调节检验

6.3.1　游客感知价值和游客品牌行为忠诚的中介作用被调节

在结构模型中，游客感知价值、游客品牌态度忠诚和游客品牌行为忠诚及品牌转换成本四个变量之间构成了一个典型的有中介的调节模型，如图 6-4 所示。

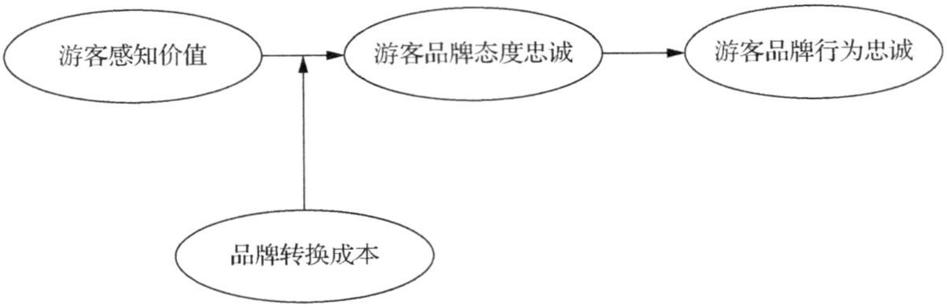

图 6-4　有中介的调节模型（游客感知价值为解释变量）

对有中介的调节模型中游客品牌态度忠诚的中介效应检验，根据 Baron 和 Kenny（1986）的建议，应符合以下步骤：①解释变量要显著影响因变量；②解释变量要显著影响中介变量；③中介变量要显著影响因变量；④解释变量和中介变量同时被引入回归方程时，若解释变量系数不显著，中介变量系数显著，则模型存在完全中介效应。此外，若解释变量系数显著，且系数绝对值减小，中介变量系数显著，则说明模型存在部分中介效应。

由表 6-5 可知，游客感知价值对游客品牌态度忠诚具有显著正向影响（模型 1，$\beta = 0.475$，$p < 0.01$），H3-1 得到支持。游客感知价值对游客品牌行为忠诚具有显著正向影响（模型 2，$\beta = 0.489$，$p < 0.01$），H3-2 得到支持。在加入中介变量（游客品牌态度忠诚）后，游客感知价值回归系数减小，但依然显著（模型 3，$\beta = 0.261$，$p < 0.01$），并且游客品牌态度忠诚也对游客品牌行为忠诚具有显著正向影响（模型 3，$\beta = 0.480$，$p < 0.01$），H6 得到支持。

表 6-5　游客品牌态度忠诚的中介作用检验

变量		游客品牌态度忠诚	游客品牌行为忠诚	
		模型 1	模型 2	模型 3
控制变量	性别	−0.093	−0.004	0.041
	年龄	0.030	0.062	0.047
	受教育程度	0.017	−0.028	−0.036
	职业	0.070	0.008	−0.026
	月收入	0.030	0.063	0.049
解释变量	游客感知价值	0.475**	0.489**	0.261**
中介变量	游客品牌态度忠诚			0.480**
	R^2	0.249	0.263	0.436
	F	44.715**	48.15**	89.248**
	ΔR^2	0.249	0.263	0.436

$**p<0.01$。

由此证明游客品牌态度忠诚在游客感知价值和游客品牌行为忠诚之间具有部分中介作用，H3-3 得到支持。

由表 6-6 和图 6-5 所示，游客感知价值和品牌转换成本的交互项回归系数显著（模型 3，$\beta = 0.197$，$p < 0.01$），这说明游客所面临的生态旅游景区的品牌转换成本对游客感知价值和游客品牌态度忠诚之间具有显著的正向调节作用，H12 得到支持。

表 6-6　品牌转换成本对游客感知价值和游客品牌态度忠诚的调节作用检验

变量		游客品牌态度忠诚		
		模型 1	模型 2	模型 3
控制变量	性别	−0.110	−0.071	−0.075
	年龄	0.075	0.003	0.006
	受教育程度	−0.077	0.036	0.040
	职业	0.061	0.059	0.057
	月收入	0.053	0.044	0.040
解释变量	游客感知价值		0.234**	0.324**
调节变量	品牌转换成本		0.529**	0.664**
交互效应	游客感知价值×品牌转换成本			0.197**

续表

变量		游客品牌态度忠诚		
		模型 1	模型 2	模型 3
	R^2	0.035	0.464	0.465
	F	5.824**	100.038**	87.684**
	ΔR^2	0.035	0.429	0.001
	ΔF	5.824	323.976	1.112

** $p < 0.01$。

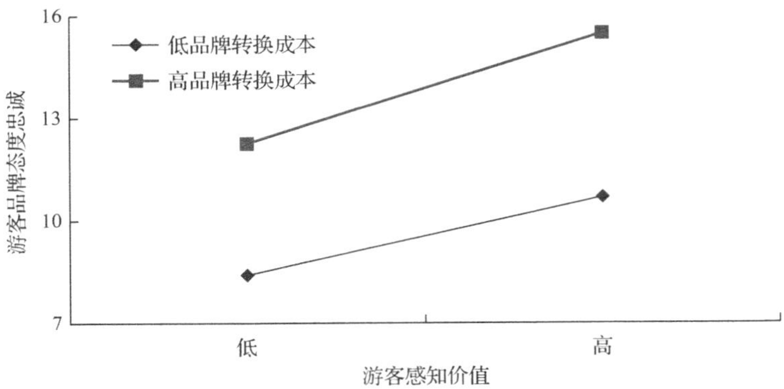

图 6-5　品牌转换成本对游客感知价值和游客品牌态度忠诚关系的调节作用

6.3.2　游客品牌满意和游客品牌行为忠诚的中介作用被调节

由概念结构模型可知，游客品牌满意、游客品牌态度忠诚和游客品牌行为忠诚及品牌转换成本四个变量之间构成了有中介的调节模型（图 6-6），其中包含品牌转换成本对游客品牌满意影响游客品牌态度忠诚的调节作用，以及游客品牌态度忠诚在游客品牌满意和游客品牌行为忠诚之间关系的中介作用。

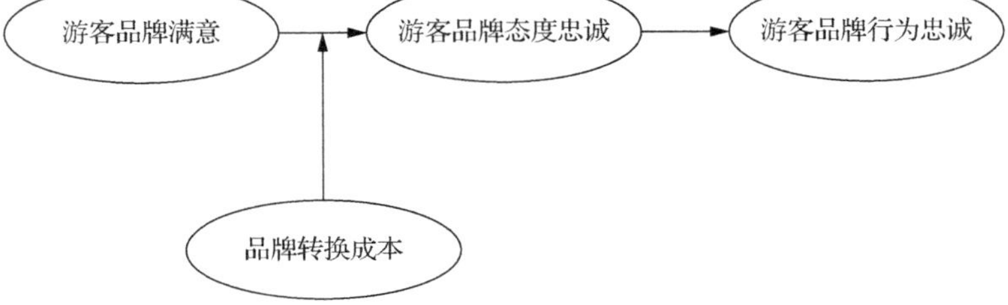

图 6-6　有中介的调节模型（游客品牌满意为解释变量）

由表 6-7 和图 6-7 可知，游客品牌满意和品牌转换成本分别对游客品牌态度忠诚具有显著正向影响（模型 3，$\beta = 0.402$，$p < 0.01$；$\beta = 0.701$，$p < 0.01$），H4-1 得到支持。同时，交互效应对游客品牌态度忠诚表现出显著的负向影响（模型 3，$\beta = -0.259$，$p < 0.01$），H14 得到支持。

表 6-7　品牌转换成本和游客品牌满意对游客品牌态度忠诚的影响检验

变量		游客品牌态度忠诚		
		模型 1	模型 2	模型 3
控制变量	性别	−0.110	−0.080	−0.081
	年龄	0.075	−0.008	−0.005
	受教育程度	−0.077	0.040	0.043
	职业	0.061	0.080	0.076
	月收入	0.053	0.031	0.029
解释变量	游客品牌满意		0.292**	0.402**
调节变量	品牌转换成本		0.512**	0.701**
交互效应	游客品牌满意×品牌转换成本			−0.259**
	R^2	0.035	0.489	0.490
	F	5.824**	110.596**	97.092**
	ΔR^2	0.035	0.454	0.001
	ΔF	5.824	359.65	1.798

** $p < 0.01$。

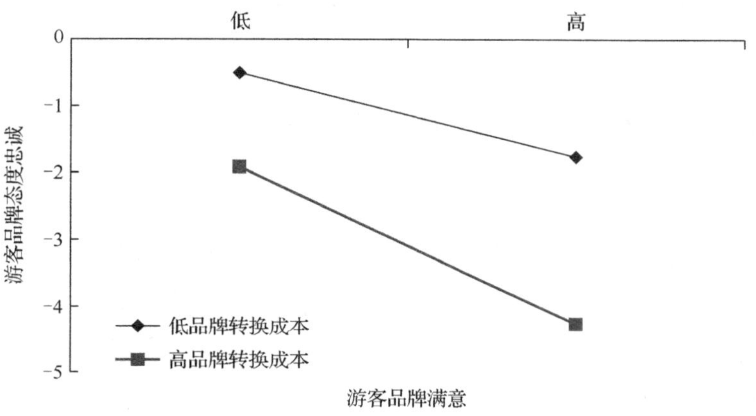

图 6-7　品牌转换成本对游客品牌满意和游客品牌态度忠诚关系的调节作用

由表 6-8 可知，游客品牌满意对游客品牌行为忠诚具有显著正向影响（模型 1，$\beta = 0.567$，$p < 0.01$），H4-2 得到支持。加入中介变量游客品牌态度忠诚，游客品牌满意和游客品牌态度忠诚分别对游客品牌行为忠诚仍具有显著正向影响（模型 2，$\beta = 0.349$，$p < 0.01$；$\beta = 0.427$，$p < 0.01$），但游客品牌满意回归系数减小。由此说明游客品牌态度忠诚对游客品牌满意影响游客品牌行为忠诚具有部分中介作用，H7 得到支持。

表 6-8　品牌转换成本、游客品牌满意和游客品牌态度忠诚对游客品牌行为忠诚的影响检验

变量		游客品牌行为忠诚				
		模型 1	模型 2	模型 3	模型 4	模型 5
控制变量	性别	−0.019	0.027	0.000	−0.003	0.024
	年龄	0.039	0.033	0.025	0.030	0.032
	受教育程度	−0.023	−0.029	−0.006	−0.001	−0.015
	职业	0.048	0.003	0.031	0.025	0.000
	月收入	0.041	0.037	0.054	0.051	0.042
解释变量	游客品牌满意	0.567**	0.349**	0.423**	0.601**	0.469**
调节变量	品牌转换成本			0.338**	0.644**	0.413**
交互效应	游客品牌满意×品牌转换成本				−0.420*	−0.334*
中介变量	游客品牌态度忠诚		0.427**			0.330**
	R^2	0.340	0.471	0.431	0.434	0.489
	F	69.54**	103.043	87.447**	77.352**	85.832**
	ΔR^2	0.340	0.471	0.431	0.434	0.489

* $p < 0.05$。

** $p < 0.01$。

6.3.3　游客品牌信任和游客品牌行为忠诚的中介作用被调节

另由概念结构模型可知，游客品牌信任、游客品牌态度忠诚和行为忠诚及品牌转换成本四个变量之间自然构成了有中介的调节模型（图 6-8），其中包含品牌转换成本在游客品牌信任和游客品牌态度忠诚之间关系的调节作用，以及游客品牌态度忠诚在游客品牌信任和游客品牌行为忠诚之间关系的中介作用。

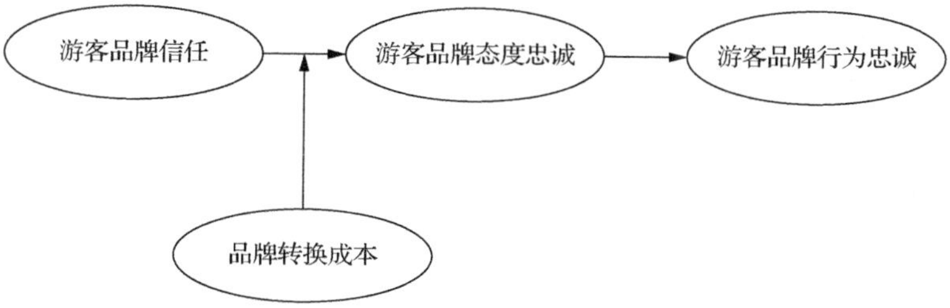

图 6-8 有中介的调节模型（游客品牌信任为解释变量）

由表 6-9 可知，游客品牌信任和品牌转换成本分别对游客品牌态度忠诚具有显著正向影响（模型 3，$\beta=0.419$，$p<0.01$；$\beta=0.772$，$p<0.01$），H5-1 得到支持。同时，结合图 6-9 可知，两者的交互效应对游客品牌态度忠诚具有显著正向影响（模型 3，$\beta=0.409$，$p<0.05$），H16 得到支持。这表明品牌转换成本对游客品牌信任和游客品牌态度忠诚具有显著的正向调节作用，即当游客所面临的生态旅游景区品牌转换成本越高时，游客对生态旅游景区的品牌信任则对其品牌行为忠诚的影响程度越大，游客对生态旅游景区品牌强烈的信任使其对该生态旅游景区品牌的态度忠诚更为强烈。

表 6-9 品牌转换成本和游客品牌信任对游客品牌态度忠诚的影响检验

变量		游客品牌态度忠诚		
		模型 1	模型 2	模型 3
控制变量	性别	−0.110**	−0.079**	0.086**
	年龄	0.075*	0.002	0.009
	受教育程度	−0.077*	0.040	0.046
	职业	0.061	0.058	0.052
	月收入	0.053	0.046	0.038
解释变量	游客品牌信任		0.200**	0.419**
调节变量	品牌转换成本		0.531**	0.772**
交互效应	游客品牌信任×品牌转换成本			0.409*
	R^2	0.035	0.449	0.453
	F	5.824**	94.351**	83.663
	ΔR^2	0.035	0.415	0.004
	ΔF	5.824	304.761	5.322

* $p<0.05$。

** $p<0.01$。

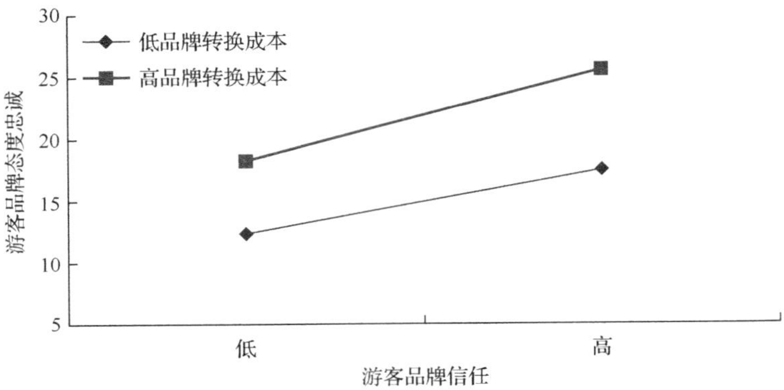

图 6-9　品牌转换成本对游客品牌信任和游客品牌态度忠诚关系的调节作用

具体可从以下方面进行解释：被调研游客对西溪国家湿地公园所建立起来的品牌信任，是在累积性的旅游活动经历中逐渐形成的，包括了解景区内的景点布局、旅游接待设施配置及旅游活动安排等，以上均需要游客付出相应的时间和精力。如果游客转向其他类型的生态旅游景区品牌，则意味着游客前期付出的时间、精力和金钱成本越多，游客与西溪国家湿地公园的依赖关系也就越强，游客就会更加关注自身在该景区内的游客感知价值所得和满意度评价，即使在西溪国家湿地公园所获得游客感知价值和满意度评价可能会低于某些潜在类型的生态旅游景区品牌，但由于较高的生态旅游景区品牌转换成本会降低游客所可能发生的净效用，也会阻止已经取得品牌信任的游客转向其他类型的品牌型生态旅游景区，从而使其依然保留在西溪国家湿地公园内。此时，如果西溪国家湿地公园能够采取一些移情性措施来提高游客感知价值和满意度，进而增强游客对景区品牌的信任程度，则会更大幅度地增强游客对西溪国家湿地公园的品牌态度忠诚。

由表 6-10 可知，游客品牌信任对游客品牌行为忠诚具有显著正向影响（模型 1，$\beta = 0.528$，$p < 0.01$），H5-2 得到支持。加入中介变量游客品牌态度忠诚之后，游客品牌信任和游客品牌态度忠诚依然分别对游客品牌行为忠诚具有显著正向影响（模型 2，$\beta = 0.305$，$p < 0.01$；$\beta = 0.460$，$p < 0.01$），但游客品牌信任的回归系数减小。结合表 6-9，

游客品牌信任对游客品牌态度忠诚也具有显著正向影响（模型 2，$\beta = 0.200$，$p < 0.01$）。综合说明游客品牌态度忠诚在游客品牌信任和游客品牌行为忠诚之间具有部分的中介作用，H8 得到支持。

表 6-10　品牌转换成本、游客品牌信任和游客品牌态度忠诚对游客品牌行为忠诚的影响检验

变量		游客品牌行为忠诚				
		模型 1	模型 2	模型 3	模型 4	模型 5
控制变量	性别	−0.021	0.030	−0.002	−0.006	0.028
	年龄	0.046	0.038	0.036	0.040	0.037
	受教育程度	0.007	−0.013	0.005	0.009	−0.009
	职业	0.009	−0.023	0.001	−0.003	−0.024
	月收入	0.062	0.049	0.072	0.067*	0.052
解释变量	游客品牌信任	0.528**	0.305**	0.348**	0.503**	0.337**
调节变量	品牌转换成本			0.335**	0.505**	0.199**
交互效应	游客品牌信任×品牌转换成本				0.287*	0.125*
中介变量	游客品牌态度忠诚		0.460**			0.396**
	R^2	0.294	0.452	0.373	0.375	0.461
	F	56.177	95.459**	68.739**	60.53**	76.571**
	ΔR^2	0.294	0.452	0.373	0.002	0.086

* $p < 0.05$。

** $p < 0.01$。

6.4　有调节的中介检验

6.4.1　游客感知价值和游客品牌满意的调节作用被中介

在概念模型中，游客感知价值、游客品牌满意、游客品牌态度忠诚和游客品牌行为忠诚及品牌转换成本之间分别构成了如图 6-10 所示的两组典型的有调节的中介模型。对该类模型的检验，主要分为两个部分：一是在不考虑品牌转换成本调节作用的情况下，首先检验游客品牌满意在游客感知价值和游客品牌态度忠诚和游客品牌行为忠诚关系中存在中介作用；二是检验品牌转换成本分别在游客品牌满意和游客品牌态度忠诚、游客品牌行为忠诚之间关系中的调节作用。

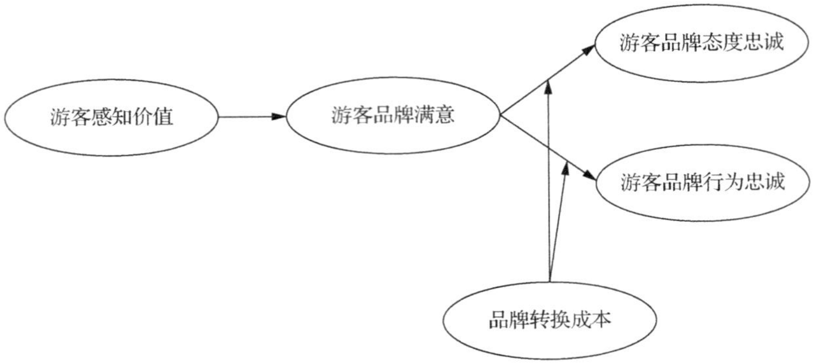

图 6-10　有调节的中介模型（游客感知价值为解释变量、游客品牌满意为中介变量）

如表 6-11 所示，游客感知价值对游客品牌满意具有显著正向影响（模型 1，$\beta=0.702$，$p<0.01$），H1 得到支持。游客感知价值对游客品牌态度忠诚具有显著正向影响（模型 2，$\beta=0.475$，$p<0.01$）。加入中介变量（游客品牌满意）后，游客感知价值回归系数减小，并依然对游客品牌态度忠诚具有显著正向影响（模型 3，$\beta=0.232$，$p<0.01$），同时游客品牌满意也对游客品牌态度忠诚影响显著（模型 3，$\beta=0.346$，$p<0.01$），H4-3 得到支持。此外，游客感知价值也对游客品牌行为忠诚具有显著正向影响（模型 4，$\beta=0.489$，$p<0.01$），同样在加入中介变量（游客品牌满意）后，游客感知价值回归系数减小，并依然对游客品牌行为忠诚具有显著正向影响（模型 5，$\beta=0.180$，$p>0.01$），而且游客品牌满意也对游客品牌行为忠诚影响显著（模型 5，$\beta=0.440$，$p<0.01$），H4-4 得到支持。综合表明游客对西溪国家湿地公园的品牌满意分别在游客感知价值和游客品牌态度忠诚、游客品牌行为忠诚关系之间具有部分中介作用。

表 6-11　游客品牌态度忠诚的中介作用检验

变量		游客品牌满意	游客品牌态度忠诚		游客品牌行为忠诚	
		模型 1	模型 2	模型 3	模型 4	模型 5
控制变量	性别	0.021	−0.093	−0.100	−0.004	−0.013
	年龄	0.054*	0.030	0.012	0.062	0.038
	受教育程度	−0.040	0.017	0.031	−0.028	−0.010
	职业	−0.073**	0.070*	0.096**	0.008	0.040
	月收入	0.047	0.030	0.013	0.063	0.043

续表

变量		游客品牌满意	游客品牌态度忠诚		游客品牌行为忠诚	
		模型 1	模型 2	模型 3	模型 4	模型 5
解释变量	游客感知价值	0.702**	0.475**	0.232**	0.489**	0.180**
中介变量	游客品牌满意			0.346**		0.440**
	R^2	0.522	0.249	0.306	0.263	0.356
	F	147.141**	44.715**	51.002**	48.150	63.753**
	ΔR^2	0.522	0.249	0.057	0.263	0.093

* $p < 0.05$。

** $p < 0.01$。

如表 6-12 所示，游客品牌满意对游客品牌态度忠诚具有显著正向影响（模型 1，$\beta = 0.292$，$p < 0.01$），加入交互效应后，交互效应对游客品牌态度忠诚则具有显著的负向影响（模型 2，$\beta = -0.259$，$p < 0.01$）。此外，游客品牌满意对游客品牌行为忠诚具有显著正向影响（模型 3，$\beta = 0.423$，$p < 0.01$）。加入交互效应后，交互效应也对游客品牌行为忠诚具有显著的负向影响（模型 4，$\beta = -0.420$，$p < 0.05$）。由此说明，当游客面临较高的生态旅游景区品牌转换成本时，游客品牌满意分别对游客品牌态度忠诚和行为忠诚的影响程度较小。换言之，如果游客存在较为强烈的转换供应商（其他类型的旅游景区品牌）的动机和欲望，尽管此时游客可能会承担较高的景区品牌转换成本，但只要游客预期其转换生态旅游景区品牌后所获取的旅游体验效用值得，即使既有生态旅游景区品牌（西溪国家湿地公园）提升游客的品牌满意度，但对于增强游客对原生态旅游景区品牌的忠诚度也影响甚微。反之，在上述条件下，如果游客所面临的生态旅游景区品牌转换成本较低，游客就有意愿去转换生态旅游景区品牌，改变其对西溪国家湿地公园的品牌忠诚。

表 6-12　游客品牌满意对游客感知价值和游客品牌忠诚的调节作用检验

变量		游客品牌态度忠诚		游客品牌行为忠诚	
		模型 1	模型 2	模型 3	模型 4
控制变量	性别	−0.080	−0.081	0.000	−0.003
	年龄	−0.008	−0.005	0.025	0.030
	受教育程度	0.040	0.043	−0.006	−0.001
	职业	0.080**	0.076**	0.031	0.025
	月收入	0.031	0.029	0.054	0.051
解释变量	游客品牌满意	0.292**	0.402**	0.423**	0.601**

续表

变量		游客品牌态度忠诚		游客品牌行为忠诚	
		模型 1	模型 2	模型 3	模型 4
调节变量	品牌转换成本	0.512**	0.701**	0.338**	0.644**
交互效应	游客品牌满意×品牌转换成本		−0.259**		−0.420*
	R^2	0.489	0.490	0.431	0.434
	F	110.596**	97.092**	87.447**	77.352**
	ΔR^2	0.489	0.001	0.431	0.003

* $p < 0.05$。

** $p < 0.01$。

6.4.2　游客品牌满意和游客品牌信任的调节作用被中介

在概念模型中，游客品牌满意、游客品牌信任、游客品牌态度忠诚和游客品牌行为忠诚及品牌转换成本之间分别构成了如图 6-11 所示的两组典型的有调节的中介模型。

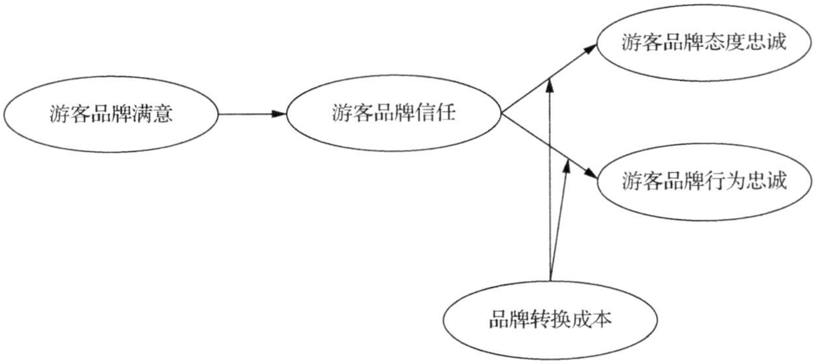

图 6-11　有调节的中介模型（游客品牌满意为解释变量，游客品牌信任为中介变量）

如表 6-13 所示，游客品牌满意对游客品牌信任具有显著正向影响（模型 1，$\beta = 0.035$，$p < 0.01$），H9 得到支持。游客品牌满意对游客品牌态度忠诚具有显著正向影响（模型 2，$\beta = 0.510$，$p < 0.01$），加入中介变量（游客品牌信任）后，游客品牌满意回归系数减小，并依然对游客品牌态度忠诚具有显著正向影响（模型 3，$\beta = 0.345$，$p < 0.01$），同时游客品牌信任也对游客品牌态度忠诚具有显著正向影响（模型 3，

$\beta = 0.264$，$p < 0.01$）。这说明游客品牌信任在游客品牌满意和游客品牌态度忠诚之间具有部分中介作用，即游客对西溪国家湿地公园的品牌信任在游客品牌满意和游客品牌行为忠诚关系之间具有部分中介作用，H9-1 得到支持。

表 6-13　对游客品牌态度忠诚有调节的中介模型检验

变量		游客品牌信任	游客品牌态度忠诚				
		模型 1	模型 2	模型 3	模型 4	模型 5	模型 6
控制变量	性别	0.001	−0.108**	−0.108**	−0.079**	−0.086**	−0.082**
	年龄	0.041	0.014	0.003	0.002	0.009	−0.008
	受教育程度	−0.139**	0.014	0.050	0.040	0.046	0.047
	职业	0.034	0.105**	0.096**	0.058*	0.052	0.077**
	月收入	−0.003	0.012	0.012	0.046	0.038	0.030
解释变量	游客品牌满意	0.035**	0.510**	0.345**			0.265**
中介变量	游客品牌信任			0.264**	0.200**	0.419**	0.092*
调节变量	品牌转换成本				0.531*	0.772*	0.547*
交互效应	游客品牌信任×品牌转换成本					0.409*	0.083
	R^2	0.443	0.280	0.319	0.449	0.453	0.384
	F	107.545**	52.59**	54.14**	94.351	45.376	22.599
	ΔR^2	0.443	0.280	0.039	0.449	0.004	0.356

* $p < 0.05$。

** $p < 0.01$。

如表 6-14 所示，游客品牌满意对游客品牌行为忠诚具有显著正向影响（模型 1，$\beta = 0.567$，$p < 0.01$），同样在加入中介变量（游客品牌信任）后，游客品牌满意回归系数同样减小，同时并依然对游客品牌行为忠诚具有显著正向影响（模型 2，$\beta = 0.394$，$p < 0.01$），而且游客品牌信任也对游客品牌行为忠诚具有显著正向影响（模型 2，$\beta = 0.026$，$p < 0.01$）。由此说明，游客对西溪国家湿地公园的品牌信任在游客品牌满意和游客品牌行为忠诚之间具有部分中介作用，H9-2 得到支持。

表 6-14　对游客品牌行为忠诚有调节的中介模型检验

变量		游客品牌行为忠诚				
		模型 1	模型 2	模型 3	模型 4	模型 5
控制变量	性别	−0.019	−0.019	−0.002	−0.006	0.000
	年龄	0.039	0.028	0.036	0.040	0.018
	受教育程度	−0.023	0.015	0.005	0.009	0.010
	职业	0.048	0.038	0.001	−0.003	0.031
	月收入	0.041	0.042	0.072*	0.067*	0.056
解释变量	游客品牌满意	0.567**	0.394**			0.357**
中介变量	游客品牌信任		0.026**	0.348**	0.503**	0.063**
调节变量	品牌转换成本			0.335**	0.505**	0.202*
交互效应	游客品牌信任×品牌转换成本				0.287	0.151
	R^2	0.340	0.382	0.373	0.375	0.442
	F	69.54**	71.582**	68.739**	60.53**	70.972**
	ΔR^2	0.340	0.042	0.373	0.002	0.067

* $p < 0.05$。

** $p < 0.01$。

6.4.3　游客感知价值和游客品牌信任的调节作用被中介

在概念模型中，游客感知价值、游客品牌信任、游客品牌态度忠诚和游客品牌行为忠诚及品牌转换成本之间分别构成了如图 6-12 所示的两组典型的有调节的中介模型。

如表 6-15 所示，游客感知价值对游客品牌信任具有显著正向影响（模型 1，$\beta = 0.584$，$p < 0.01$），H2 得到支持。游客感知价值对游客品牌态度忠诚具有显著正向影响（模型 2，$\beta = 0.475$，$p < 0.01$）。加入中介变量（游客品牌信任）后，游客感知价值回归系数减小，并依然对游客品牌态度忠诚具有显著正向影响（模型 3，$\beta = 0.296$，$p < 0.01$），同时游客品牌信任也对游客品牌态度忠诚具有显著正向影响（模型 3，$\beta = 0.306$，$p < 0.01$）。由此说明，游客对西溪国家湿地公园的品牌信任在游客感知价值和游客对西溪国家湿地公园的态度忠诚之间具有部分中介作用，H10 得到支持。

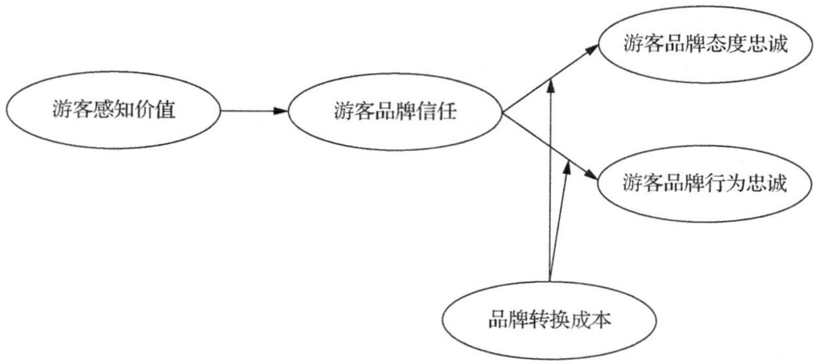

图 6-12　有调节的中介模型（游客感知价值为解释变量，游客品牌信任为中介变量）

表 6-15　对游客品牌行为忠诚有调节的中介模型检验

变量		游客品牌信任	游客品牌态度忠诚		
		模型 1	模型 2	模型 3	模型 4
控制变量	性别	0.019	−0.093	−0.099	−0.078
	年龄	0.061*	0.030	0.012	0.002
	受教育程度	−0.134**	0.017	0.058	0.052
	职业	−0.009	0.030	0.073*	0.057*
	月收入	0.019	0.070	0.024	0.037
解释变量	游客感知价值	0.584**	0.475**	0.296**	0.178**
中介变量	游客品牌信任			0.306**	0.213*
调节变量	品牌转换成本				0.608**
交互效应	游客品牌信任×品牌转换成本				0.190
	R^2	0.400	0.249	0.305	0.471
	F	89.875**	44.715**	50.748	79.746**
	ΔR^2	0.400	0.249	0.056	0.166

* $p<0.05$。

** $p<0.01$。

如表 6-16 所示，游客感知价值对游客品牌行为忠诚具有显著正向影响（模型 1，$\beta=0.489$，$p<0.01$），在加入中介变量（游客品牌信任）后，游客感知价值回归系数减小，并依然对游客品牌行为忠诚具有显著正向影响（模型 2，$\beta=0.278$，$p<0.01$），同时游客品牌信任也对游客品牌行为忠诚具有显著正向影响（模型 3，$\beta=0.258$，$p<0.01$）。综合

说明游客对西溪国家湿地公园的品牌信任在游客感知价值和游客对西溪国家湿地公园的行为忠诚之间存在部分中介作用，H11 得到支持。

表 6-16　对游客品牌行为忠诚有调节的中介模型检验

<table>
<tr><th colspan="2" rowspan="2">变量</th><th colspan="3">游客品牌行为忠诚</th></tr>
<tr><th>模型 1</th><th>模型 2</th><th>模型 3</th></tr>
<tr><td rowspan="5">控制变量</td><td>性别</td><td>−0.004</td><td>−0.011</td><td>0.003</td></tr>
<tr><td>年龄</td><td>0.062</td><td>0.039</td><td>0.032</td></tr>
<tr><td>受教育程度</td><td>−0.028</td><td>0.021</td><td>0.016</td></tr>
<tr><td>职业</td><td>0.008</td><td>0.011</td><td>0.003</td></tr>
<tr><td>月收入</td><td>0.063</td><td>0.057</td><td>0.066*</td></tr>
<tr><td>解释变量</td><td>游客感知价值</td><td>0.489**</td><td>0.278**</td><td>0.211**</td></tr>
<tr><td>中介变量</td><td>游客品牌信任</td><td></td><td>0.361**</td><td>0.258*</td></tr>
<tr><td>调节变量</td><td>品牌转换成本</td><td></td><td></td><td>0.310</td></tr>
<tr><td>交互效应</td><td>品牌信任×
品牌转换成本</td><td></td><td></td><td>0.027</td></tr>
<tr><td rowspan="3"></td><td>R^2</td><td>0.263</td><td>0.341</td><td>0.400</td></tr>
<tr><td>F</td><td>48.15**</td><td>59.893**</td><td>59.675**</td></tr>
<tr><td>ΔR^2</td><td>0.263</td><td>0.078</td><td>0.058</td></tr>
</table>

* $p < 0.05$。

** $p < 0.01$。

本章重点对概念模型进行了多因子结构验证性因子分析比较，以检验概念模型中所涉及的六因子结构模型的合理性。本章利用 SPSS 19.0 统计分析软件，分别对概念模型中由品牌转换成本调节变量及游客品牌满意和品牌信任等中介变量所构成的含有调节变量和中介变量的混合模型，包括对直接调节效应、有中介的调节效应和有调节的中介效应依次进行了回归分析。其中，对直接调节效应进行了回归分析（游客感知价值、游客品牌满意和游客品牌信任为解释变量，品牌转换成本为调节变量，游客品牌行为忠诚为因变量），有中介的调节效应（游客感知价值、游客品牌满意和游客品牌信任为解释变量，品牌转换成本为调节变量，游客品牌态度忠诚为中介变量，游客品牌行为忠诚为因变量），有调节的中介效应（游客感知价值和游客品牌满意为解释变量，游客品牌信任为中介变量，品牌转换成本为调节变量，游客品牌态度忠诚和行为忠诚为因变量）。实证检验表明，所有潜变量之间的影响关系均得到验证支持。由此表明，本书所构建的概念模型中相应潜变量之间的理论假设关系均实现了逻辑自洽和数据支持，概念模型具备较高的正确性。

第 7 章　结构方程模型分析

7.1　概念模型分析

7.1.1　结构方程模型

根据第 4 章所提的相关研究假设，本书使用 Amos 21.0 统计分析软件来对基本结构方程概念模型中各潜变量之间的关系进行实证检验。本书采用结构方程模型（图 7-1）进行路径检验，一方面考虑到一般回归分析只能检验单向线性关系，而结构方程模型则可同时对模型中所有潜变量之间的路径关系进行回归分析；另一方面考虑到在本书所涉概念模型中存在诸多中介变量，并且中介变量之间存在路径关系，如果单纯使用分层回归分析方法，则很可能会出现变量关系估计的测量误差。因此，为了弥补分层回归分析的弊端，也为了整体观察所有构念之间的路径关系，引入结构方程模型对相应路径关系进行数据拟合与验证。

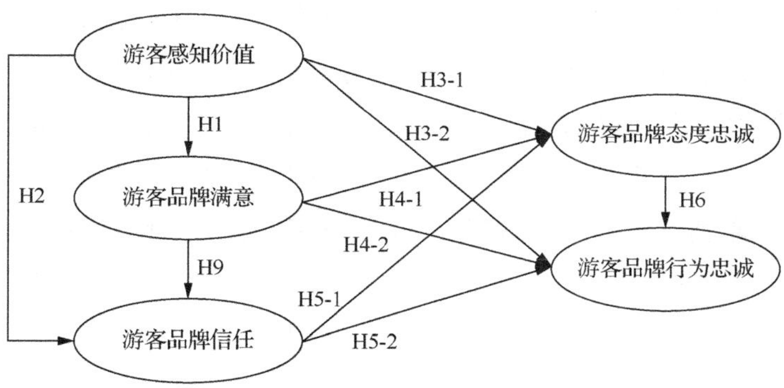

图 7-1　结构方程模型

7.1.2　结构方程模型估计

第 5 章已经分别对问卷量表的信度和效度进行了检验，因此，本章使用 Amos 21.0 统计分析软件，并利用极大似然估计法对本书所构建的概念模型（不包括调节变量）中的假设关系进行实证检验，并分别报告出概念模型的相应适配度指标及其推荐值和拟合值。由表 7-1 可知，根据吴明隆（2012）的推荐，本书所构建的概念结构模型的拟合指标均在可接受范围内，说明本书所构建的概念结构模型具有较好的拟合度，模型中的关系路径基本上通过了显著性统计检验，本书所构建的路径关系均得到了样本数据的验证拟合。

表 7-1　结构方程模型适配度指标及推荐值和拟合值

适配度指标	χ^2 /df	RMSEA	GFI	CFI	IFI	TLI
推荐值	<3	<0.08	>0.90	>0.90	>0.90	>0.90
拟合值	2.049	0.067	0.901	0.913	0.913	0.895

注：GFI 即 goodness of fit index，表示拟合优度指数；TLI 即 Tucker- Lewis index，表示塔克-刘易斯指数。

由图 7-1 和表 7-1 可知，各项关键适配度指标均符合结构方程模型拟合的理想推荐值，χ^2/df 为 2.049，小于 3；RMSEA 值为 0.067，小于 0.08；其他拟合值均约等于或大于 0.9。图 7-2 所示为结构方程模型中各潜变量之间的路径系数，并且均具有统计显著性（$p<0.001$）。其中，以西溪国家湿地公园为例，游客感知价值对游客品牌满意的影响效应要大于其对游客品牌信任的影响效应，游客感知价值对游客品牌态度忠诚的影响效应要大于其对游客品牌行为忠诚的影响效应。游客品牌满意和品牌信任对游客品牌态度忠诚的影响效应均小于两者对游客品牌行为忠诚的影响效应。换言之，在存在中介效应的情况下，在游客产生对生态旅游景区品牌满意和信任的情况下，游客更倾向于形成对生态旅游景区品牌忠诚的行为意向。

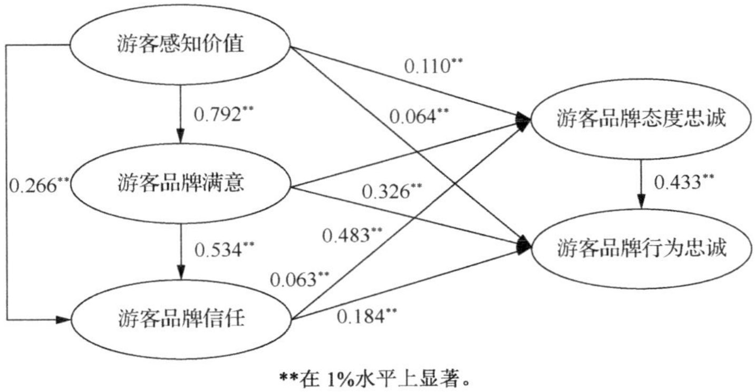

图 7-2　结构方程模型路径分析

7.1.3 模型路径检验

对概念结构方程模型中各潜变量之间结构关系的标准化路径系数和检验结果如表 7-2 所示。在结构方程模型中，各潜变量影响路径均在 1%水平上显著，初步的支持结果如下。

H1：游客感知价值对游客品牌满意有显著正向影响，支持 H1。

H2：游客感知价值对游客品牌信任有显著正向影响，支持 H2。

H3-1：游客感知价值对游客品牌态度忠诚有显著正向影响，支持 H3-1。

H3-2：游客感知价值对游客品牌行为忠诚有显著正向影响，支持 H3-2。

H4-1：游客品牌满意对游客品牌态度忠诚有显著正向影响，支持 H4-1。

H4-2：游客品牌满意对游客品牌行为忠诚有显著正向影响，支持 H4-2。

H5-1：游客品牌信任对游客品牌态度忠诚有显著正向影响，不支持 H5-1。

H5-2：游客品牌信任对游客品牌行为忠诚有显著正向影响，支持 H5-2。

H6：游客品牌态度忠诚对其行为忠诚有显著正向影响，支持 H6。

H9：游客品牌满意对游客品牌信任有显著正向影响，支持 H9。

表 7-2　结构方程模型的标准化路径系数

假设	路径	标准化系数	检验结果
H1	游客感知价值→游客品牌满意	0.896**	支持
H2	游客感知价值→游客品牌信任	0.680**	支持
H3-1	游客感知价值→游客品牌态度忠诚	0.025**	支持
H3-2	游客感知价值→游客品牌行为忠诚	0.372**	支持
H4-1	游客品牌满意→游客品牌态度忠诚	0.759**	支持

续表

假设	路径	标准化系数	检验结果
H4-2	游客品牌满意→游客品牌行为忠诚	0.737**	支持
H5-1	游客品牌信任→游客品牌态度忠诚	0.005**	支持
H5-2	游客品牌信任→游客品牌行为忠诚	0.122**	支持
H6	游客品牌态度忠诚→游客品牌行为忠诚	0.433**	支持
H9	游客品牌满意→游客品牌信任	0.060**	支持

**在 1%水平上显著。

7.1.4 结构方程模型修正

在模型参数估计中，有时理论模型与样本数据已经适配，但为了使模型适配度更佳，可以根据结构方程模型估计的 MI（modification indices，修正指标）指数大小，按照逐步修改原则，将相应残差项相连，以提高结构方程模型估计的适配度指标。修正后的结构方程模型适配度指标如表 7-3 所示。修正后的结构方程模型路径系数如图 7-3 所示。

表 7-3 修正后的结构方程模型适配度指标

适配度指标	χ^2 /df	RMSEA	GFI	CFI	IFI	TLI
推荐值	<3	<0.08	>0.90	>0.90	>0.90	>0.90
修正值	1.553	0.056	0.942	0.958	0.958	0.947

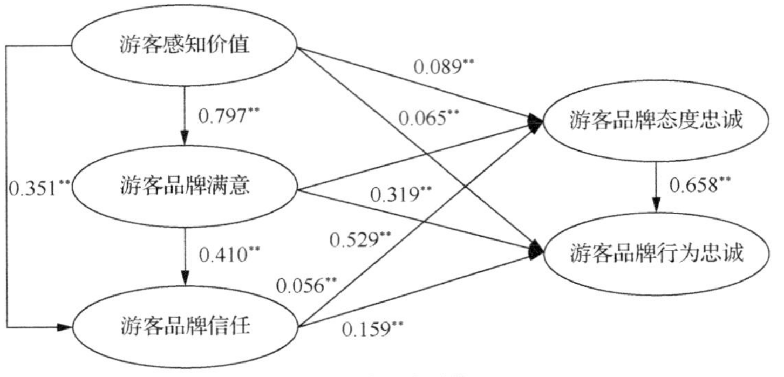

**在 1%水平上显著。

图 7-3 修正后的结构方程模型路径系数

7.2　嵌套模型比较

7.2.1　竞争模型 M1

本书基于游客感知价值视角，重点对生态旅游景区品牌忠诚的影响机制进行实证检验，目的在于揭示游客感知价值对生态旅游景区品牌忠诚影响的路径关系。尽管与既有研究不同，本书主要针对的是游客与生态旅游景区之间的品牌关系，但与游客旅游景区忠诚类相关文献相比，本书首次构建了游客感知价值影响生态旅游景区品牌的结构方程模型，并对其进行了样本数据拟合。本书的研究创新在于，在游客感知价值对生态旅游景区品牌的作用关系中，纳入了游客对生态旅游景区的品牌信任变量，从而更加清晰地揭示游客感知价值对生态旅游景区品牌的影响机制，有力地拓展了生态管理学中生态旅游景区管理方面的研究内容。

从理论上讲，因为游客对生态旅游景区的品牌信任是结构方程模型中重要的创新变量，所以为了进一步验证游客品牌信任在模型中是否发挥作用，本书通过对含有游客品牌信任的结构方程模型和分别对未含有游客品牌信任的嵌套模型进行比较，以确定最优模型作为本书参考的标准模型。基本检验策略：首先在结构方程模型 M 的基础上删除游客感知价值和游客品牌信任之间的影响路径，形成竞争模型 M1，如图 7-4 所示。

对于结构方程模型与竞争模型之间所形成的嵌套模型比较，一般遵循模型比较节俭性的原则（McDonald and Marsh，1990）。如果简单模型为基准模型，则复杂模型卡方值相对减少，若减少的卡方值显著，则选择复杂模型；若减少的卡方值不显著，则选择简单模型。如果复杂模型为基准模型，则简单模型卡方值相对增加，若增加的卡方值显著，则选择复杂模型；若增加的卡方值不显著，则选择简单模型。

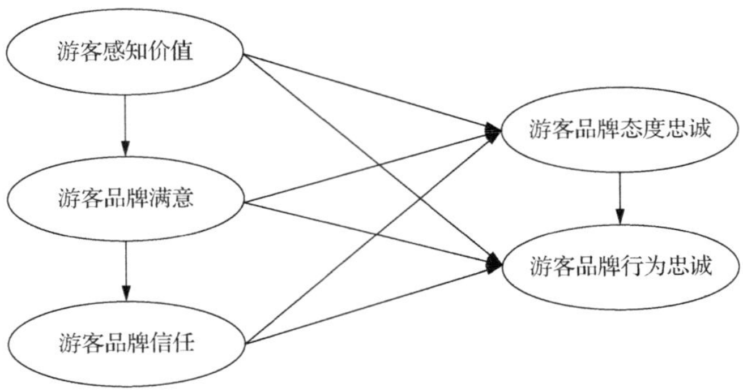

图 7-4　竞争模型 M1

由表 7-4 可知，结构方程模型 M 拟合指标要好于竞争模型 M1。主要根据是，对于结构方程模型拟合指标而言，χ^2/df 越接近 1 越好，而 RMSEA 越接近 0 越好，其余绝对和相对拟合指标越接近 1，表示模型拟合越好（侯杰泰等，2004）。竞争模型 M1 的适配度指标均劣于结构模型。另外，由于竞争模型 M1 与结构方程模型 M 之间的 χ^2 差异显著（$\Delta\chi^2 = 27.503$，$\Delta\mathrm{df} = 1$，$p < 0.01$），根据嵌套模型比较的节俭性原则，应选择结构方程模型 M。综上，根据模型检验的适配度指标对比来看，结构方程模型 M 要优于竞争模型 M1。由此说明，竞争模型 M1 不应忽视游客感知价值对游客品牌信任的影响路径。通过嵌套模型比较，竞争模型 M1 与结构方程模型 M 相比，当在结构方程模型中忽略游客感知价值对游客品牌信任的影响路径时，竞争模型则成为非优模型，这再次说明游客品牌信任在游客感知价值和游客品牌忠诚之间具有中介作用。

表 7-4　结构方程模型与竞争模型 M1 适配度指标比较

拟合指标	χ^2	df	χ^2/df	RMSEA	GFI	CFI	IFI	TLI
结构方程模型 M	290.958	142	2.049	0.067	0.901	0.913	0.913	0.895
竞争模型 M1	318.461	143	2.227	0.079	0.898	0.911	0.911	0.893

7.2.2　竞争模型 M2

本书在结构方程模型 M 的基础上删除游客品牌信任和游客品牌态度忠诚之间的影响路径，从而形成竞争模型 M2，如图 7-5 所示。如

表 7-5 可知，竞争模型 M2 与结构方程模型 M 相比，适配度指标要略优于结构方程模型 M；竞争模型 M2 与结构方程模型 M 之间的 χ^2 差异显著（$\Delta\chi^2 = 4.051$，$\Delta df = 1$，$p < 0.05$）。所以，根据嵌套模型比较的节俭性原则，应当选择结构方程模型 M。

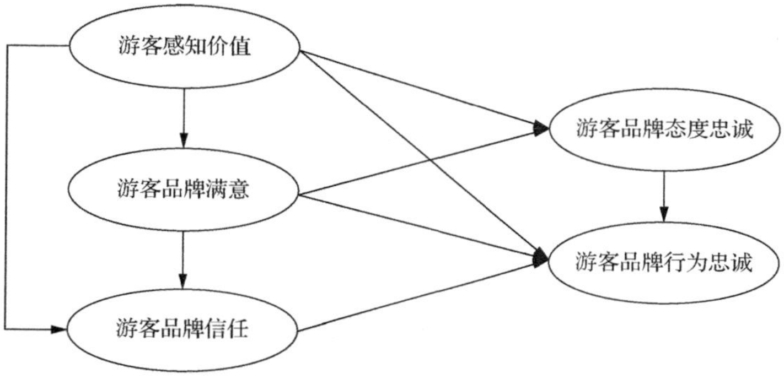

图 7-5　竞争模型 M2

表 7-5　结构方程模型与竞争模型 M2 适配度指标比较

拟合指标	χ^2	df	χ^2 / df	RMSEA	GFI	CFI	IFI	TLI
结构方程模型 M	290.958	142	2.049	0.067	0.901	0.913	0.913	0.895
竞争模型 M2	295.009	143	2.063	0.079	0.901	0.912	0.912	0.894

通过结构方程模型 M 与竞争模型 M2 之间的嵌套模型比较，说明如果在不考虑游客品牌信任对游客生态旅游景区品牌态度忠诚的影响路径时，竞争模型 M2 并非为最优模型，进而验证出游客感知价值实际上会显著影响游客品牌态度忠诚，也意味着游客品牌态度忠诚在游客品牌信任和游客品牌行为忠诚之间具有中介作用。

7.2.3　竞争模型 M3

本书在结构方程模型 M 的基础上删除游客品牌信任和游客品牌行为忠诚之间的影响路径，从而形成竞争模型 M3，如图 7-6 所示。如表 7-6 可知，结构方程模型 M 的模型适配度指标同样略优于竞争模型 M3；竞争模型 M2 与结构方程模型 M 之间的 χ^2 差异显著（$\Delta\chi^2 = 3.908$，$\Delta df = 1$，$p < 0.05$），由嵌套模型比较的节俭性原则可知，结构方程模

型 M 同样相对优于竞争模型 M3。

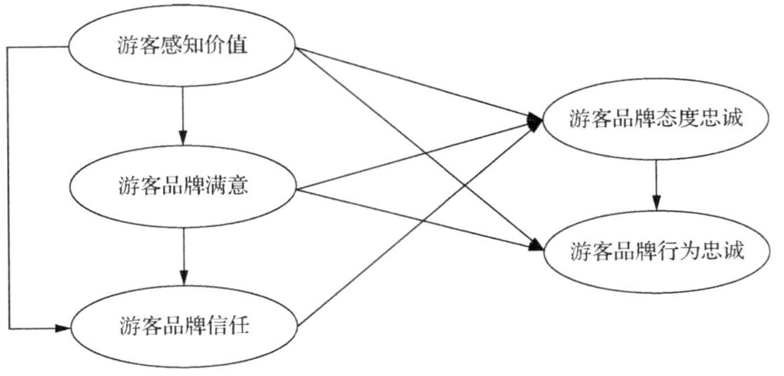

图 7-6　竞争模型 M3

表 7-6　结构方程模型与竞争模型 M3 适配度指标比较

拟合指标	χ^2	df	χ^2 / df	RMSEA	GFI	CFI	IFI	TLI
结构方程模型 M	290.958	142	2.049	0.067	0.901	0.913	0.913	0.895
竞争模型 M3	294.866	143	2.061	0.078	0.901	0.913	0.913	0.895

通过结构方程模型 M 与竞争模型 M3 相比发现，实际上，游客对生态旅游景区的品牌信任直接关系到游客对生态旅游景区品牌的行为忠诚。换言之，游客对生态旅游景区品牌的信任感越强，则游客越会形成对生态旅游景区品牌忠诚的行为意向。从游客感知价值对生态旅游景区品牌忠诚的影响机制来看，游客品牌信任在游客感知价值、游客品牌满意分别和游客品牌态度忠诚、行为忠诚之间发挥着显著的部分中介作用。否则，游客感知价值和游客品牌满意对游客品牌忠诚的影响效应将会被高估。

本书在构建并揭示游客感知价值对生态旅游景区品牌忠诚的影响机制时，创新性地引入了游客品牌信任这一潜在变量，并且在相应阐述结构方程模型中与此变量相关的理论假设的同时，分别删除与游客品牌信任相关的路径关系，通过由此而形成的竞争模型与结构方程模型之间的嵌套模型比较，最终判断在保留游客品牌信任相关路径关系的初始结构模型是最优模型，其得到的样本数据拟合指标最佳。

本章基于 Amos 21.0 统计分析软件，利用极大似然估计法对基本结构模型进行了结构方程模型分析，实证检验结果表明，结构方程模型中潜变量之间的路径关系均得到了验证支持，各路径关系均呈现显著的正向影响效应，由此进一步验证了相应理论假设。

尤其是，为了充分检验游客对生态旅游景区的品牌信任变量的重要性，本书在结构方程模型 M 的基础上，首先删除游客感知价值和游客品牌信任之间的影响路径，形成竞争模型 M1；其次在结构方程模型 M 的基础上删除游客品牌信任和游客品牌态度忠诚之间的影响路径，从而形成竞争模型 M2；最后在结构方程模型 M 的基础上删除游客品牌信任和游客品牌行为忠诚之间的影响路径，从而形成竞争模型 M3。根据嵌套模型比较的节俭性原则，通过结构方程模型 M 分别与竞争模型 M1、M2 和 M3 进行比较发现，结构方程模型 M 均优于竞争模型 M1、M2 和 M3。由此表明，结构方程模型 M 是本书所选择的最优模型。

第8章　结论、贡献、启示及研究局限与方向

8.1　主 要 结 论

在管理营销学研究中，对顾客品牌忠诚驱动因素和形成机制的理论与实证研究相对丰富，从而有力地深化了顾客与品牌关系研究领域的内容体系。实际上，对顾客与品牌关系的研究，尤其是揭示顾客价值对企业品牌忠诚度的影响机制，不仅有助于企业采取更加精确且有效的顾客关系管理手段，还可以有效地实施扩大企业品牌资产价值的营销和管理策略，从而有助于企业依靠品牌价值增强其市场竞争优势，以获得持续盈利能力。实际上，顾客价值会通过多种渠道和机制间接影响顾客忠诚或者顾客对品牌的忠诚度。例如，Oh（2000）实证检验了顾客价值、顾客满意、重购行为和口碑效应之间的关系，研究表明，顾客价值对顾客满意具有正向显著影响，而顾客满意对顾客重购行为和口碑效应产生正向显著影响。Huang 和 Zhang（2008）应用结构方程模型，从多维结构视角对顾客价值和品牌忠诚关系进行了实证检验，研究表明，功能价值和象征价值对态度忠诚和行为忠诚具有显著影响，然而体验价值和感知价值仅通过态度忠诚间接影响行为忠诚。Moosa 和 Hassan（2015）将顾客感知价值分为功能价值、社会价值、情感价值、认知价值和条件价值，并分别探讨了其对顾客满意和品牌忠诚的影响，研究表明，功能价值和条件价值对顾客满意具有显著积极影响，情感价值、功能价值和条件价值则对品牌忠诚具有显著积极影响。

对于旅游学而言，游客与旅游企业之间的关系，尤其是游客与旅游景区之间的关系一直是旅游管理研究领域的核心内容，因为这直接关系到客源地与目的地之间的可持续性的互动共生关系。近年来，随着人均收入水平的提高和人们旅游消费意识的转变，人们对生态旅游的需求日益旺盛，生态旅游活动不仅可以满足人们渴望回归自然、返璞归真的本真心态，还可以拓宽旅游消费者的知识谱系，发挥其生态教育功能，因而逐渐受到客源市场的青睐，生态旅游一时方兴未艾。生态旅游作为旅游业新兴旅游活动方式之一，随着生态旅游景区的盲目持续扩张，生态旅游产品和服务供给滞后与生态旅游需求旺盛之间的不均衡导致的供求矛盾致使生态旅游景区管理欠缺科学性的问题逐渐暴露。实际上，诸多生态旅游景区为了改善管理效率，提升管理能力，无论是在生态旅游产品或服务创新方面，还是在景区配套设施方面，都从供给侧进行改革。但是，由于大部分生态旅游景区忽视了对需求侧的游客行为管理，可能导致景区向客源市场提供的产品和服务类型与质量并不符合市场需求，从而出现供求错配的状况，最终会导致以上生态旅游景区由于盲目开发所带来的资源浪费现象。另外，如果考虑到生态旅游资源的脆弱性和价值性，生态旅游景区所坚持的同质性粗放式的初级开发将会给稀缺的生态旅游资源带来严重威胁。

鉴于此，本书基于生态经济学和生态管理学相关理论及实证研究范式，以生态旅游景区与游客之间存在及发生的品牌关系为研究视角，对游客感知价值影响生态旅游景区品牌忠诚的内在机制进行了实证探索。选择品牌型生态旅游景区的原因：一方面，以品牌战略为建设导向的生态旅游景区，其旅游形象主题鲜明，经济服务质量较高，旅游规划发展思路清晰，并且存在稳定的旅游客源市场；另一方面，当前我国所拥有的旅游景区的品牌建设普遍相对滞后，缺乏科学的品牌建设路径，特别是逐渐兴起的生态旅游景区的品牌管理基础较为薄弱。因此，本书以西溪国家湿地公园作为品牌型生态旅游景区的研究样本，首先从品牌忠诚理论形成机制的解释变量——游客感知价值切入，进而将顾客品牌忠诚理论引入生态旅游景区品牌忠诚的形成机制框架中，在对案例地经过两次发放问卷的基础上，先后利用逐步回归分析和结构方程模型对游客感知价值影响生态旅游景区品牌忠诚的概念模型进行实证检验，不仅验证了游客感知价值对生态旅游景区品牌忠诚的形成机制，也为生态旅游景区进行品牌战略构建提供了实践参考依据。

本书在上述既有理论和实践背景下，将管理营销学领域中关于顾客与品牌关系的核心理论，即顾客品牌忠诚驱动机制与生态旅游活动中特殊的主客互动关系进行融合，首先提出了游客感知价值对生态旅游景区品牌忠诚作用机制的概念模型，通过两次样本数据对概念模型进行拟合，以反映概念模型中潜变量之间的路径关系。最终，在对相关变量影响机制进行理论分析的基础上，共提出 25 个相关研究假设，依次通过有中介的调节效应检验、有调节的中介效应检验和结构方程模型分析。实证结果表明，概念模型中所涉及的相关研究假设均得到样本数据的拟合支持。由此也表明，本书所构建的概念模型整体上基本得到了验证，具备较高的合理正确性。具体研究结论如下。

8.1.1　游客感知价值的重要前置影响

一方面，游客感知价值分别对游客品牌满意和游客品牌信任具有显著正向影响；另一方面，游客感知价值分别显著正向影响游客品牌态度忠诚和游客品牌行为忠诚。由此可以确认游客感知价值的确不仅是游客品牌忠诚的重要驱动因素，也是实现游客品牌满意和信任的解释变量。从既有“游客感知价值-游客忠诚”关系类文献来看，Chi 和 Qu（2008）以阿肯色州的尤里卡斯普林斯旅游目的地为例，探讨了目的地形象、满意度和忠诚度之间的关系，结果显示，游客整体满意度会积极影响目的地忠诚度。Chen 和 Chen（2010）以中国台湾遗产旅游者为例，实证检验了游客体验质量、感知价值、满意度和行为意图之间的关系，并检验出感知价值和满意度在体验质量影响行为意图的路径中具有中介作用。Bajs（2015）以克罗地亚杜布罗夫尼克旅游目的地为例，采用结构方程模型对游客感知价值、满意度和行为意向之间的关系进行了实证研究，结果显示，游客感知价值对游客满意度和游客未来预期的行为具有显著影响。Demirović 和 Njegovan（2014）以伏伊伏丁那农场旅游为例，研究发现，游客感知价值对其忠诚度具有显著积极影响。Ramseook-Munhurrun 等（2015）认为，游客目的地形象、感知价值、游客满意度和忠诚度对于目的地成功营销至关重要，并以毛里求斯为例，实证研究发现，目的地形象和感知价值会影响游客满意度，进而会影响游客忠诚度。上述文献充分印证了游客感知价值对游客品牌态度忠诚和游客品牌行为忠诚具有直接或间接的显著正向影响。

从理论机制上来看，对于生态旅游景区而言，在其进行品牌化建设过程中，在游客与景区品牌关系互动过程中，即游客通过多次购买该生态旅游景区的产品或服务，其所获得的累积性旅游消费经历满足甚至超过了其在购买前对生态旅游景区的期望，并且在这一过程中，游客在该品牌型生态旅游景区内部每次进行的旅游体验活动都能获得来自优质产品和服务的保证，高效的景区管理的便捷，以及完善的旅游配套设施的保障等。品牌型生态旅游景区作为目的地从多维度为提升游客的体验质量和审美效用所创造的游客利益使游客对品牌型生态旅游景区的价值感知得以强化，显然这是实现游客对生态旅游景区品牌满意，增强游客对生态旅游景区品牌信任，以及最终形成游客对生态旅游景区品牌忠诚的重要驱动因素。

从概念模型的层级回归与结构方程模型分析上来看，游客感知价值对游客品牌满意的路径系数要大于游客感知价值对游客品牌信任的路径系数，这也说明游客感知价值之于游客品牌满意的重要程度要高于其之于游客品牌信任。可能的原因在于，游客感知价值是形成游客对生态旅游景区品牌满意评价的直接前因，而游客对生态旅游景区的品牌信任形成机制则相对复杂，其中游客品牌满意作为形成游客品牌信任的原因之一，其在游客感知价值和游客品牌信任之间关系中具有部分中介作用，从而使游客感知价值对游客品牌信任的直接效应低于游客感知价值对游客品牌满意的影响效应。同时，游客感知价值对游客品牌态度忠诚的路径系数大于游客品牌行为忠诚的路径系数，这表明游客品牌态度忠诚在游客感知价值和游客品牌行为忠诚之间具有必要的部分中介作用。Huang 等（2015）探究了动机、满意度和感知价值对游客行为忠诚的影响，结果发现，游客感知价值对游客态度忠诚的影响效应要大于其对行为忠诚的影响。这也与本书的研究结论一致。

8.1.2　概念模型中的中介效应检验

本书使用分层回归分析方法，对包含有中介的调节模型和有调节的中介模型的混合模型中的中介效应进行实证检验，并结合结构方程模型估计参考，尤其是对游客品牌满意、游客品牌信任和游客品牌态度忠诚在概念结构模型中各潜变量路径关系中所发挥的中介作用进行检验，发现概念模型中关于中介作用的路径关系假设均得到了数据验证支持，并且概念模型中的中介变量均存在部分中介效应。具体部分中介机制表现在以下几个方面。

1）游客品牌态度忠诚在游客感知价值和游客品牌行为忠诚之间具有部分中介作用。

2）游客品牌态度忠诚在游客品牌满意和游客品牌行为忠诚之间具有部分中介作用。

3）游客品牌态度忠诚在游客品牌信任和游客品牌行为忠诚之间具有部分中介作用。

4）游客品牌满意在游客感知价值和游客品牌忠诚（态度忠诚和行为忠诚）之间具有部分中介作用。

5）游客品牌信任在游客感知价值和游客品牌忠诚（态度忠诚和行为忠诚）之间具有部分中介作用。

6）游客品牌信任在游客品牌满意和游客品牌忠诚（态度忠诚和行为忠诚）之间具有部分中介作用。

8.1.3　品牌转换成本的调节效应检验

本书使用分层回归分析方法，对包含有中介的调节模型和有调节的中介模型的混合模型中的中介效应进行实证检验，具体是对品牌转换成本分别在游客感知价值、游客品牌满意和游客品牌信任与游客品牌忠诚（态度忠诚和行为忠诚）关系之间的调节作用进行实证检验。品牌转换成本的调节机制表现在以下几个方面。

1）在有中介的调节效应检验中，研究发现，品牌转换成本在游客品牌满意和游客的品牌忠诚（态度忠诚和行为忠诚）关系之间具有显著的负向调节作用。

2）品牌转换成本在游客感知价值和游客品牌忠诚（态度忠诚和行为忠诚）关系之间具有显著的正向调节作用。

3）品牌转换成本在游客品牌信任和游客品牌忠诚（态度忠诚和行为忠诚）关系之间具有显著的正向调节作用。

需要补充解释的是，对于品牌转换成本会负向调节游客品牌满意和游客品牌忠诚关系的理论解释在于，当游客转换生态旅游景区品牌时，其会面临潜在的综合转换成本。具体表现在：一方面是由于成本付出会降低游客对转换生态旅游景区品牌的预期效用；另一方面可能是游客对既有生态旅游景区品牌某些方面的因素主观感知评价较低，从而导致即使既有生态旅游景区能够提升其对该品牌的满意度，也很难使其对该生态旅游景区品牌的忠诚度做出改变。此外，品牌转换成本对于其余路径关系的正向调节作用表明，因为游客预期较高的景区品牌转换成本会降低其转换后的旅游体验效用，所以生态旅游景区只有注重提升游客感知价值和对生态旅游景区品牌信任程度，才有可能有效强化游客对既有生态旅游景区的品牌忠诚度。

8.2　理论贡献

生态经济学和生态管理学作为生态学研究的新兴学科，目前尚处于学科体系的探索、建设和完善过程中，这对于拓展和深化生态学研究体系至关重要。从现实来看，生态旅游作为当前既可满足广大居民精神生活需求，又可挖掘生态资源内在价值的新兴消费方式，进而也成为生态经济学和生态管理学关注的重要内容。尤其是对于提供生态旅游产品和服务的生态旅游景区而言，如何适应和调节生态旅游需求，尤其是如何科学地管理生态旅游者行为，从而实现一种动态的生态旅游产品和服务的交易均衡，对于生态旅游景区实现可持续发展非常重要。鉴于此，本书首先创新性地提出生态旅游景区品牌的概念，并以典型的品牌型湿地生态旅游景区为研究对象，从游客和生态旅游景区之间的品牌关系着手，旨在探讨和研究游客感知价值对生态旅游景区品牌的影响机制，并通过对所构建的概念模型进行样本数据拟合的实证检验，客观揭示概念模型中所内涵的潜变量之间的路径关系和调节机制，这不仅弥补了现阶段我国生态旅游景区品牌管理研究方面的薄弱环节，还对补充和完善生态旅游经济学及生态管理学中关于生态旅游方面的研究内容具有重要意义。本书的理论贡献如下。

1）构建了生态旅游景区品牌忠诚的驱动机制。鉴于学术界对旅游景区品牌理论研究的滞后，旅游景区在进行品牌建设过程中缺乏科学的理论依据，盲目建设而引发的不可持续性开发行为给旅游景区发展产生了诸多负面影响。对于生态旅游而言，由于旅游资源的生态稀缺性和不可再生性，生态旅游景区的开发应坚决杜绝大众旅游时代所奉行的资源初级开发思维，而应强调生态旅游景区的品牌价值和竞争力，从而在对生态旅游景区具有忠诚度的游客身上获取景区发展的长期价值。因此，本书首次构建并检验了生态旅游景区品牌忠诚的理论形成机制，从而为生态旅游景区依靠品牌价值提升其市场竞争能力提供了理论依据。

2）揭示了游客感知价值对游客品牌忠诚的直接影响。本书从游客对生态旅游景区品牌所获取的感知价值出发，不仅实证考查了游客感知价值对游客品牌忠诚的直接影响，也实证检验了游客感知价值对游客品牌忠诚的间接影响，由此论证得出，游客感知价值不仅是主导生态旅游景区品牌忠诚驱动机制的重要解释变量，还通过游客品牌满意和信任积极影响其品牌忠诚，从而为较全面地构建游客感知价值对生态旅游景区品牌忠诚影响机制的概念模型提供了前期基础。

3）验证了游客品牌满意和品牌信任对生态旅游景区品牌忠诚的中介机制。根据顾客品牌忠诚理论，本书将游客感知价值作为游客品牌忠诚最直接的解释变量，并引入了游客品牌满意和游客品牌信任两个中介变量，来探索游客品牌忠诚的驱动机制。本书首次将游客对生态旅游景区的品牌信任因素这一关键变量纳入驱动机制中，以检验其所可能发挥的中介作用，实证检验也支持了预期假设。例如，Christou 等（2007）以希腊健康旅游为例，主要针对温泉旅游，探讨了游客对温泉旅游品牌信任对品牌忠诚的影响，结果显示，游客对温泉旅游品牌信任显著影响其对温泉旅游品牌的忠诚度。Barra 和 Moraga（2011）认为，游客重游行为对旅游目的地忠诚至关重要，而增强游客忠诚度的一个因素即是信任，由此将游客信任作为旅游目的地忠诚度的解释变量，实证研究发现，游客信任会直接影响游客对目的地的忠诚度。因此，将游客品牌信任变量纳入游客感知价值对游客品牌忠诚的影响机制中，不仅从理论体系上深化了游客感知价值对游客品牌忠诚的作用机制，也有效地拓展了游客品牌忠诚驱动因素的理论研究体系。

4）验证了品牌转换成本对游客品牌忠诚驱动机制的调节作用。与既有研究不同，本书首次将游客所面临的潜在综合性品牌转换成本调节变量引入游客品牌忠诚的驱动因素的路径作用关系中，并分析了在不同条件状况下，生态旅游景区应当采取何种品牌转换成本策略，以增强游客对生态旅游旅游景区品牌的忠诚程度。简言之，对于较高的游客感知价值和游客品牌信任，生态旅游景区应提高游客的品牌转换成本，只要生态旅游景区可以提高游客的感知价值和其对生态旅游景区的品牌信任，就可以显著增强游客对生态旅游景区的品牌忠诚。此外，对于较高品牌满意度的游客，应当适度降低品牌转换成本，以形成该生态旅游景区品牌相比替代景区品牌的优越性；相反，对于较低品牌满意度的游客，应当适度提高品牌转换成本，当此部分游客群体意识到其转换生态旅游景区品牌供应商而获取的预期体验效用无法弥补其所付出的机会转换成本时，其仍会选择继续维持与原生态旅游景区品牌之间的关系。所以此研究结论不仅深化了对生态旅游旅游景区品牌转换成本作用的理论解释，也切实验证了游客感知价值、游客品牌满意和游客品牌信任对游客品牌忠诚的影响会随着品牌转换成本的不同而具有差异性。

8.3 管理启示

本书实证研究表明，游客感知价值不仅会直接积极影响游客品牌忠诚，还分别通过游客品牌满意和游客品牌信任的部分中介作用对游客品牌忠诚产生间接的积极影响，与此同时，游客所面临的潜在综合性的品牌转换成本会对游客品牌忠诚的三个重要驱动因素，即游客感知价值、游客品牌满意和游客品牌信任产生相应显著的调节作用。因此，作为品牌型生态旅游景区，要想赢得良好的游客-品牌关系，培育并强化游客对生态旅游景区的品牌忠诚度，从而保持生态旅游景区品牌的价值优势，提出如下景区管理启示。

8.3.1 注重提升游客感知价值

生态旅游景区企业应当认识到游客感知价值是影响游客品牌满意、游客品牌信任和游客品牌忠诚的关键所在，同时考虑到游客品牌满意和游客品牌信任在游客感知价值和游客品牌忠诚之间的部分中介作用，生态旅游景区为了培育与强化游客品牌忠诚，应采取多维措施提升游客对生态旅游景区品牌的感知价值。

1）提升生态旅游景区品牌的服务价值。服务作为生态旅游景区提供产品的核心内容，直接关系到游客的核心体验效用，也是决定游客与生态旅游景区之间良好品牌关系的关键，所以生态旅游景区不仅要向游客提供具有质量保证的服务内容，还可以向游客提供主题鲜明且具备移情性的服务类型。总之，生态旅游景区需针对游客与景区品牌的每次服务接触，提供差异化的高质量服务内容。

2）提升生态旅游景区品牌的教育价值。生态旅游景区在进行产品设计时，应注重文化价值元素的挖掘，并通过多种形式的体验形式增强产品或服务的教育功能，拓宽游客的知识面和视域。

3）提升生态旅游景区品牌的环境价值。毫无疑问，生态环境是生态旅游景区赖以生存的基础，也是向游客提供优质生态旅游产品的根本。因此，生态旅游景区建设要以生态保护为前提，并强调景区建设应与景区生态环境自然协调统一，景区所提供的产品或服务也应充分体现浓郁的生态特色。

4）提升生态旅游景区品牌的成本价值。生态旅游景区应向游客提供物有所值甚至物超所值的产品或服务，要真正提升游客在景区内的实际旅游体验经历。生态旅游景区应尽可能降低游客的非货币成本，如提高景区（点）的可进入性、优化景区（点）线路组织和提高游览旅行的舒适程度等。

5）提升生态旅游景区品牌的管理价值。景区需实施更加科学合理的管理手段，努力提高景区组织机构的管理效率，创新管理人员的管理艺术，等等。

6）提升生态旅游景区品牌的情感价值。情感价值是游客从生态旅游景区所从事旅游活动经历中获得的审美愉悦和情感满足，所以生态旅游景区应充分满足游客对生态旅游消费体验的求新求异心理，从而为游客真正创造独一无二的旅游愉悦体验。

7）提升生态旅游景区品牌的社会价值。社会价值是游客从生态旅游经历中所获得的自我认同与社会承认。游客在与生态旅游景区及其品牌关系互动过程中，所获得的自我价值的不断实现和社会形象的积极构建是生态旅游景区向游客提供产品和服务的真谛。因此，生态旅游景区无论是在游客活动场所的设计，还是在产品或服务的创新，抑或是品牌形象的构建等方面，最终目的都应指向游客内在价值的提升。

8.3.2 合理发挥品牌转换成本的调节作用

生态旅游景区为了强化游客对品牌的依赖与忠诚，在努力提高游客对生态旅游景区品牌的感知价值和信任的同时，还应当着力提高游客所可能转换品牌供应商而必须产生的转换成本，通过借助综合性转换成本来锁定游客，只有使其成为游客-品牌关系中的“传道者”，而非虚假忠诚的“囚禁者”，才能充分强化游客感知价值和游客品牌信任对游客品牌忠诚的正向作用。

1）注重生态旅游景区的品牌管理。生态旅游景区应在游客心目中形成强有力的品牌认知和品牌形象，其中最重要的就是，生态旅游景区在品牌建设过程中应充分考虑到游客参与，将游客的需求偏好和价值诉求适当融入其中，鼓励游客主动参与到生态旅游景区品牌价值的生产与传递过程，进而实现生态旅游景区与游客之间的品牌价值共创，以增强生态旅游景区在游客心目中的品牌个性和品牌认同，从而真正为游客创造本景区新奇独特的品牌体验。游客通过不断与这一生态旅游景区品牌进行接触和互动后，就会对该生态旅游景区的品牌产生信任，也就不会轻易转向其他的竞争性旅游景区品牌。

2）形成生态旅游景区的品牌文化。生态旅游景区品牌文化对游客心理与行为的影响有密切关系，以西溪国家湿地公园为例，对湿地生态文化有共同偏好的游客，其身份、情感、价值观和行为习惯中的一部分已经与此种生态旅游景区品牌紧密联系。所以，生态旅游景区可凭借其主题鲜明的品牌文化，并通过内化、象征、传承和聚合等方式来强化游客对该生态旅游景区品牌的情感与认同，进而得以巩固游客与生态旅游景区之间的品牌关系，这显然在无形中提高了游客潜在的品牌转换机会成本，从而使处于这一生态旅游景区品牌社区的游客更容易成为具有较高品牌忠诚度的游客。

3）增强生态旅游景区的品牌关系。生态旅游景区无论是通过品牌文化传播，还是进行品牌形象宣传，抑或是品牌体验提升，根本目的都是强化游客与生态旅游景区之间的品牌关系，使游客感受到这种主客关系形式有助于自我价值的实现和社会身份的认同，进而获得情感和心理上的满足。在此种条件下，游客面对其他景区品牌的供应商时，在与该生态旅游景区品牌频繁互动的过程中，尤其是在以往旅游消费经验中所形成的主观累积性满意评价和心理情感依赖则会成为游客所面临的景区品牌转换障碍，最终使游客并不会改变其已经形成的品牌忠诚决定。

但是，根据模型实证检验结果，对于游客感知价值和游客品牌满意度较低的生态旅游景区，则应适当降低景区品牌的转换成本，如向游客提供便捷的景区（点）可达性、高效的景区（点）游览线路、完善的景区（点）游览设施等。这是因为，包括游客感知价值，尤其是游客对生态旅游景区品牌信任的形成需要一定的时间过程培育，在游客对该生态旅游景区所预期理想的游客感知价值和品牌信任水平没有真正完全形成之前，适当降低游客可能转换景区品牌的成本，反而有助于降低游客感知价值和游客品牌信任对游客品牌忠诚的影响程度，从而在相对短期内，如生态旅游景区在品牌初创和培育的前期阶段，使生态旅游景区不至于因游客感知价值和品牌信任未达到游客的期望水平而导致负面影响，从而造成游客流失。实际上，从长远来看，随着生态旅游景区品牌建设的不断推进与完善，品牌型景区应该依靠其与游客坚定的品牌关系，逐渐提升游客的潜在景区品牌转换成本，如此才能更加有利于赢得更多的对本景区品牌具有忠诚度的游客。

除此以外，对于西溪国家湿地公园而言，品牌转换成本对游客品牌满意和游客品牌忠诚之间的关系具有负向调节作用，这意味着对于一部分游客品牌满意度较低的人群，为了增强其对西溪国家湿地公园的忠诚度，可以考虑提高此部分游客群体的景区品牌转换成本。例如，可以通过提供景区（点）旅游消费的折扣优惠，采用直接的价格手段来刺激此部分游客群体的行为倾向和重游意愿。此外，对于在园区内参与多次重游活动的游客，景区可以提供额外的单向旅游产品或服务价格优惠或免费，以提高该部分游客群体的额外福利，从而增加景区转换成本。

8.4 研究局限与未来研究方向

本书在既有管理学顾客-品牌关系理论的基础上，结合生态旅游景区与游客之间的互动规律，从游客感知价值视角切入，探讨了其对游客品牌忠诚的直接和间接影响机制，并得出了在生态旅游景区管理方面富有创新性的研究成果。但在整个研究过程中，由于受到各种因素和条件的制约，本书研究的内容仍存在部分不足。归纳起来，主要包括以下方面。

1）研究对象遴选的代表性。本书选择我国第一个以湿地生态作为核心资源特色的国家 AAAAA 级旅游景区——西溪国家湿地公园作为品牌型生态旅游景区的典型代表，由于我国存在诸多类型的品牌型生态旅游景区，本书所选择的生态旅游者调研对象类型单一，这在某种程度上限制了研究结论在其他类型的生态旅游景区品牌上的普适性。因此，在未来研究中，除了应当综合选择多种类型生态旅游景区品牌，以扩大样本选择范围，还应通过不同类型的生态旅游景区品牌社区对象调研，以验证游客感知价值在游客品牌忠诚的概念模型中是否具备稳健性。

2）调研数据的获取问题。一方面，本书中的调研数据主要是通过向被调研游客发放问卷的形式获得的，数据采集来自西溪国家湿地公园内游客通过自我感知的形式来对问卷中的测量题项进行自我报告，因此会存在共同方法偏差，从而会高估解释变量对因变量的解释力，最终会降低研究结论的可信性；另一方面，由于时间与人力的约束，主要选在两个不同年份淡旺季两个时间段进行调研数据采集，未进行长期跟踪研究，然而，游客对生态旅游景区的品牌满意和信任的形成则是一个动态的长期过程。因此，在未来研究中，可以选择采取多种问卷调查研究方法，诸如实验法；还需连续分时间段进行长期动态的样本数据采集，从而提高研究结论的客观性。

3）研究变量的测量问题。本书对于游客感知价值和游客品牌信任的测量主要采用单一维度，而鉴于游客感知价值和游客品牌信任影响因素的综合性，可能会导致本书对于概念结构模型的估计效率有所降低。事实上，由于学术界同时认为以上两个变量分别可以从多维度因子结构进行测量，在后续研究中，可首先构建游客感知价值和游客品牌信任的多维度结构，然后将其引入概念结构模型进行实证检验，以便提高概念结构模型的估计效率。

4）中介变量的遗漏问题。本书主要是将游客品牌满意和游客品牌信任两个中介变量引入游客感知价值对生态旅游景区品牌忠诚的作用机制中，实际上，为了更加详细地突出游客与生态旅游景区之间品牌关系形成的递进过程，还可以将品牌形象和品牌体验同时引入上述作用机制中，以尽可能详尽地揭示游客感知价值对生态旅游景区品牌忠诚的作用机制，以防止遗漏变量的存在而导致的模型估计偏误问题。

5）调节变量的替换问题。除了游客所面临的品牌转换成本，性别差异、产品类别、产品卷入、品牌差异、品牌知识和感知风险等因素也可能会影响游客感知价值和游客品牌忠诚之间的关系。实际上，鉴于游客与生态旅游景区之间主客交换关系的复杂性和特殊性，同时也为了尽可能多视角认知和揭示游客感知价值对游客品牌忠诚的作用机制，在未来研究中可以将上述调节作用考虑在内，相应分析不同调节变量对游客感知价值影响游客品牌忠诚的调节机制，从而对游客品牌忠诚的培育路径提出更加完善的举措。

参考文献

蔡建刚，2015．生态旅游运行机制与利益相关者：例证一个世界自然遗产[J]．重庆社会科学（12）：33-38．

陈久和，2006．杭州西溪国家湿地公园生态旅游景观绿色设计[J]．地域研究与开发，25（5）：72-75．

方炜，王莉丽，许亚玲，2016．游客生态旅游满意度影响因素研究[J]．商业研究（11）：168-176．

高峻，2010．生态旅游学[M]．北京：高等教育出版社．

高明，2011．游客感知价值、游客满意度和行为倾向的关系研究述评[J]．江西农业大学学报（社会科学版），10（3）：135-143．

郭安禧，黄福才，黎微，2013．重游意向最关键驱动因素的实证研究：感知价值、感知吸引力、游客满意和游客信任的比较[J]．江西财经大学学报（1）：38-46．

韩沫，王铁军，2014．我国生态旅游品牌营销研究[J]．学术论坛（4）：74-77．

何小芊，周军，张涛，2012．旅游景区品牌价值货币化评估研究：以秭归县凤凰山景区为例[J]．干旱区资源与环境，26（1）：135-140．

侯杰泰，温忠麟，成子娟，2004．结构方程模型及其应用[M]．北京：教育科学出版社．

黄震方，黄金文，袁林旺，等，2007．海滨湿地生态旅游可持续开发模式研究：以江苏盐城海滨湿地为例[J]．人文地理，22（5）：118-123．

金玉芳，董大海，刘瑞明，2006．消费者品牌信任机制建立及影响因素的实证研究[J]．南开管理评论，9（5）：28-35．

李健，钟永德，王祖良，等，2006．国内生态旅游环境承载力研究进展[J]．生态学杂志，25（9）：1141-1146．

李敏，2002．自然保护区生态旅游景观规划研究：以目平湖湿地自然保护区为例[J]．旅游学刊，17（5）：62-65．

李睿，戎良，2007．杭州西溪国家湿地公园生态旅游环境容量[J]．应用生态学报，18（10）：2301-2307．

李树民，支喻，邵金萍，2002．论旅游地品牌概念的确立及设计构建[J]．西北大学学报（哲学社会科学版），32（3）：35-38．

李文兵，2011．古村落游客忠诚模型研究：基于游客感知价值及其维度视角[J]．地理研究，30（1）：37-48．

李万莲，2007．安徽省五河沱湖湿地自然保护区生态旅游开发探讨[J]．特区经济（4）：186-188．

刘少艾，卢长宝，2016．价值共创：景区游客管理理念转向及创新路径[J]．人文地理（4）：135-142．

刘加凤，吴郭泉，翟慧敏，2007．盐城湿地旅游开发与规划初探[J]．国土资源科技管理（3）：128-132．

刘周平，2007．顾客满意与顾客忠诚研究的文献回顾[J]．山东社会科学（3）：127-131．

鲁铭，龚胜生，2002．湿地旅游可持续发展研究[J]．世界地理研究，11（2）：72-79．

卢东，曹忠鹏，张洁媛，2015．游客顾客价值形成机制研究：以访澳内地游客为例[J]．华东经济管理，29（4）：115-123．

钱丽萍，任星耀，2012．渠道关系中专项投资不对等与机会主义行为间关系研究：正式化、参与与私人关系的调节作用[J]．管理评论，24（10）：73-84．

乔光辉，2015．生态旅游目的地形象、游客满意度与忠诚度结构模型研究：以云台山世界地质公园为例[J]．经济经纬，32（6）：6-10．

邱守明，李琳，罗敏婷，等，2011．旅游景区品牌研究综述[J]．科技、经济、市场（9）：86-88．

粟路军，黄福才，2011．服务质量对乡村旅游者忠诚的影响机制研究：以长沙市为中心[J]．四川师范大学学报（社会科学版），38（2）：58-68．

王保忠，何平，安树青，等，2005．南洞庭湖湿地景观文化的结构与特征研究[J]．湿地科学，3（4）：241-248．

王成超，杨玉盛，庞雯，等，2017．国外生态旅游对当地社区生计的影响研究综述[J]．生态学报，37（16）：5556-5564．

王道阳，乔永强，2016．新常态下我国生态旅游的特点及对策[J]．林业资源管理（4）：9-13．

王金叶，时昭，2016．近 20 年我国生态旅游管理研究进展[J]．桂林理工大学学报，36（4）：849-858．

王媛，2006．盐城海滨湿地生态旅游开发中的社区参与研究[D]．南京：南京师范大学．

望海军，2012．品牌信任和品牌情感：究竟谁导致了品牌忠诚?——一个动态研究[J]．心理学报，44（6）：830-840．

吴从越，赵晔龄，2008．论旅游景区品牌的建立和保护[J]．浙江海洋学院学报（人文科学版），25（1）：85-88．

吴明隆，2012．结构方程模型：SIMPLIS 的应用[M]．重庆：重庆大学出版社．

夏赞才，陈双兰，2015．生态游客感知价值对环境友好行为意向的影响[J]．中南林业科技大学学报（社会科学版），9（1）：27-32，77．

徐菲菲，杨达源，黄震方，等，2005．基于层次熵分析法的湿地生态旅游评价研究：以江苏盐城丹顶鹤湿地自然保护区为例[J]．经济地理，25（5）：707-711，719．

许峰，秦晓楠，张明伟，等，2013．生态位理论视角下区域城市旅游品牌系统构建研究：以山东省会都市圈为例[J]．旅游学刊，28（9）：43-52．

严力蛟，2007．生态旅游学[M]．北京：中国环境科学出版社．

余意峰，丁培毅，2013．旅游目的地忠诚度：一个历时态的概念模型[J]．旅游科学，27（5）：1-9．

袁登华，罗嗣明，唐春燕，等，2008．品牌信任的前因后果驱动机制研究[J]．心理科学，31（6）：1334-1338．

朱强华，张振超，2004．旅游景区品牌管理模型研究[J]．桂林旅游高等专科学校学报，15（6）：27-31．

赵爽，董鑫，苏欣慰，等，2013．国内外生态旅游研究现状比较[J]．资源开发与市场，29（5）：542-545．

张春丽，刘继斌，佟连军，2007．湿地生态旅游发展模式研究：以三江平原湿地为例[J]．安徽农业科学，35（24）：7579-7581．

张洪，孙雨茜，司家慧，2017．基于知识图谱法的国际生态旅游研究分析[J]．自然资源学报，32（2）：342-352．

张宏梅，洪娟，张文静，2012．旅游目的地游客感知价值的层次关系模型[J]．人文地理，27（4）：125-130．

张建恩，苗维亚，杨晓放，等，2010．品牌形象—品牌满意对品牌信任的影响机制分析：以诺基亚为例[J]．管理学家（学术版）（11）：28-39．

钟林生，马向远，曾瑜皙，2016．中国生态旅游研究进展与展望[J]．地理科学进展，35（6）：679-690．

邹德强，王高，赵平，等，2007．功能性价值和象征性价值对品牌忠诚的影响：性别差异和品牌差异的调节作用[J]．南开管理评论，10（3）：4-12．

AAKER D A, 1996. Measuring brand equity across products and markets[J]. California management review, 38(3): 102-120.

AGUSTIN C, SINGH J, 2005. Curvilinear effects of consumer loyalty determinants in relational exchanges[J]. Journal of marketing research, 42(1): 96-108.

ALEGRE J, CLADERA M, 2006. Repeat visitation in mature sun and sand holiday destinations[J]. Journal of travel research, 44(3):288-297.

ALEGRE J, JUANEDA C, 2006. Destination loyalty: consumers' economic behavior[J].Annals of tourism research, 33(3):684-706.

ALHABEEB M J, 2007. On consumer trust and product loyalty[J].International journal of consumer studies, 31(6):609-612.

ÁLVAREZ L S, CASIELLES R V, DÍAZ-MARTÍN A M, 2009. The role of commitment perceived by the consumer in service industries[J]. Management research, 7(2): 141-157.

ANDERSON E W, SULLIVAN M W, 1993. The antecedents and consequences of customer satisfaction for firms[J]. Marketing science, 12(2), 125-143.

ANDERSON J C, NARUS J A, VAN ROSSUM W, 2006. Customer value propositions in business markets[J]. Harvard business review, 84(3): 90.

ANHOLT S, 2002. Nation branding: a continuing theme[J]. Journal of brand management, 10(1):59-60.

ARAÑA J E, LEÓN C J, 2013. Correcting for scale perception bias in tourist satisfaction surveys[J]. Journal of travel research, 52(6):772-788.

ASHTON A S, 2014. Tourist destination brand image development—An-analysis based on stakeholders' perception: a case study from Southland, New Zealand[J]. Journal of vacation marketing, 20(3):279-292.

AYDIN S, ÖZER G, ARASIL O, 2005. Customer loyalty and the effect of switching costs as a moderator variable: a case in the Turkish mobile phone market[J]. Marketing intelligence & planning, 23(1):89-103.

BACK K J, PARKS S C, 2003. A brand loyalty model involving cognitive, affective, and conative brand loyalty and customer satisfaction[J]. Journal of hospitality & tourism research, 27(4): 419-435.

BACKMAN S J, CROMPTON J L, 1991. The usefulness of selected variables for predicting activity loyalty[J]. Leisure science, 13(3): 205 -220.

BAGOZZI R P, DABHOLKAR P A, 2000.Discursive psychology: an alternative conceptual foundation to means-end chain theory[J]. Psychology & marketing, 17(7): 535-586.

BAGOZZI R P, FORNELL C, LARCKER D F, 1981.Canonical correlation analysis as a special case of a structural relations model[J].Multivariate behavioral research, 16(4):437-454.

BAJS I P, 2015.Tourist perceived value, relationship to satisfaction, and behavioral intentions: the example of the croatian tourist destination Dubrovnik[J]. Journal of travel research, 54(1):122-134.

BAKER D A, CROMPTON J L, 2000. Quality, satisfaction and behavioral intentions[J]. Annals of tourism research, 27(3):785-804.

BALDWIN J, 2000.Tourism development, wetland degradation and beach erosion in Antigua, West Indies[J]. Tourism geographies, 2(2):193-218.

BARON R M, KENNY D A, 1986. The moderator-mediator variable distinction in social psychological research: conceptual, strategic, and statistical considerations[J]. Journal of personality & social psychology,51(6):1173-1182.

BARRA C, MORAGA E T, 2011.Role of tourist's trust on destination loyalty[J]. Revista Brasileira de gestao de negocios, 13(39):159-174.

BAUMANN J, LE MEUNIER-FITZHUGH K, 2014.Trust as a facilitator of co-creation in customer-salesperson interaction: an imperative for the realization of episodic and relational value? [J] AMS review, 4(1):5-20.

BEARD J G, RAGHEB M G, 1980. Measuring leisure satisfaction[J]. Journal of leisure research, 12(1): 20-33.

BEARDEN W O, TEEL J E, 1983. Selected determinants of consumer satisfaction and complaint reports[J]. Journal of marketing research, 20(1): 21-28.

BENDAPUDI N, BERRY L L, 1997. Customers' motivations for maintaining relationships with service providers[J]. Journal of retailing, 73(1):15-37.

BEST R J, 1997.Market-based management:strategies for growing customer value and profitability [M]. New York: Prentice-Hall.

BIGNÉ J E, SÁNCHEZ M I, SÁNCHEZ J, 2001.Tourism image, evaluation variables and after purchase behaviour: inter-relationship[J]. Tourism management, 22(6):607-616.

BLACKSTON M, 1992.Observations: building brand equity by managing the brand's relationships[J]. Journal of advertising research, 32(3):79-83.

BLOEMER J M M, KASPER H D P, 1995.The complex relationship between consumer satisfaction and brand loyalty[J]. Journal of economic psychology, 16(2): 311-329.

BOIKO M, MAZARAKI A, MYKHAILICHENKO G, 2013.National tourist brand: priorities and formation resources[J]. Economic annals -XXI，2013(9-10):1-5.

BOO S, BUSSER, JAMES A, 2006.Multidimensional model of destination brands: an application of customer-based brand equity[D]. Las Vegas: University of Nevada.

BOWEN J T, SHOEMAKER S, 1998. Loyalty: a strategic commitment[J]. Cornell hotel & restaurant administration quarterly, 39(1):12-25.

BURNHAM T A, FRELS J K, MAHAJAN V, 2003. Consumer switching costs: a typology, antecedents, and consequences[J]. Journal of the academy of marketing science, 31(2): 109-126.

CAI L A, WOODS R H, 1993.China's tourism-service failure[J]. Cornell hotel & restaurant administration quarterly, 34(4):30-39.

CASALÓ L, FLAVIÁN C, GUINALÍU M, 2007.The impact of participation in virtual brand communities on consumer trust and loyalty: the case of free software[J]. Online information review, 31(6): 775-792.

CAMPBELL C S, OGDEN M H, 1999. Constructed wetlands in the sustainable landscape[M]. NewYork: JohnWiley & Sons, Inc.

CARDOZO R N, 1965.An experimental study of customer effort, expectation, and satisfaction[J]. Journal of marketing research, 2(3):244-249.

CEBALLOS-LASCURAIN H, 1987.The future of ecotourism[J]. Mexico journal (1): 13-14.

CHAUDHURI A, HOLBROOK M B, 2001.The chain of effects from brand trust and brand affect to brand performance: the role of brand loyalty[J]. Journal of marketing, 65(2): 81-93.

CHEN C F, CHEN F S, 2010.Experience quality, perceived value, satisfaction and behavioral intentions for heritage tourists [J]. Tourism management, 31(1):29-35.

CHEN C F, TSAI M H, 2008. Perceived value, satisfaction, and loyalty of TV travel product shopping: involvement as a moderator [J]. Tourism management,29(6):1166-1171.

CHEN J S, GURSOY D, 2001.An investigation of tourists' destination loyalty and preferences [J]. International journal of contemporary hospitality management,13(2):79-85.

CHEN Z, DUBINSKY A J, 2003.A conceptual model of perceived customer value in e-commerce: a preliminary investigation[J]. Psychology & marketing, 20(4):323-347.

CHIGORA F, ZVAVAHERA P, 2015.Attitudinal and behavioural loyalty: Zimbabwe tourism brand performance ascendancy[J]. Business&management horizons, 3(2): 52-59.

CHOI M, LAW R, HEO C Y, 2016.Shopping destinations and trust-tourist attitudes: scale development and validation[J]. Tourism management, 54(C):490-501.

CHRISTOU E, STAVRINOUDIS T A, TSARTAS P, et al., 2007. Wellness tourism in Greece: trust on spa brands and spa brand loyalty[C]// Biannual International Conference: Strategic Developments in Services Marketing: University of Glasgow, University of the Aegean & Greek Marketing Academy At: Chios, Greece:27-29.

CLARKE, J, 2000.Tourism brands: an exploratory study of the brands box model [J]. Journal of vacation marketing, 6(4):329-345.

ÇOBAN S, 2012.The effects of the image of destination on tourist satisfaction and loyalty: the case of cappadocia [J]. European journal of social sciences, 29(2):222-232.

COHEN J, et al., 2002. Applied multiple regression/correlation analysis for the behavioral sciences [M]. 3rd ed. London: Routledge.

COSMA S A, 2009.Romanian tourist brand[J]. Journal Studia Universitatis Babes-Bolyai Negotia (3): 19-29.

CRONIN J J, BRADY M K, HULT G T, 2000. Assessing the effects of quality, value, and customer satisfaction on consumer behavioral intentions in service environments[J]. Journal of retailing, 76(2): 193-218.

DABHOLKAR P A, THORPE D I, RENTZ J O, 1996.A measure of service quality for retail stores: scale development and validation[J]. Journal of the academy of marketing science, 24(1):3-16.

DAY G S, 1969. A two-dimensional concept of brand loyalty[J]. Journal of advertising research, 9(3):29 -35.

DELGADO-BALLESTER E, MUNUERA-ALEMÁN J L, 2001.Brand trust in the context of consumer loyalty[J]. European journal of marketing, 35(11/12):1238-1258.

DELGADO-BALLESTER E, MUNUERA-ALEMÁN J L, 2005. Does brand trust matter to brand equity? [J]. Journal of product & brand management, 14(3):187-196.

DEMIROVIĆ D, NJEGOVAN Z, 2014.Tourist satisfaction with perceived values on traditional farms in ap Vojvodina[C]// International Scientific Conference Sustainable Agriculture & Rural Development in Terms of the Republic of Serbia Strategic Goals Realization Within the Danube Region.

DENG J Y, LI J, 2015.Self-identification of ecotourists[J]. Journal of sustainable tourism, 23(2):255-279.

DESARBO W S, JEDIDI K, SINHA I, 2001.Customer value analysis in a heterogeneous market[J]. Strategic management journal, 22(9):845-857.

DICK A S, BASU K, 1994.Customer loyalty: toward an integrated conceptual framework[J]. Journal of the academy of marketing science, 22(2): 99-113.

DODDS W B, MONROE K B, 1985.The effect of brand and price information on subjective product evaluations[J]. Advances in consumer research, 12(3):85-90.

DODDS W B, MONROE K B, GREWAL D, 1991.Effects of price, brand, and store information on buyers' product evaluations[J]. Journal of marketing research, 28(3): 307-319.

DONEY P M, CANNON J P, 1997.An examination of the nature of trust in buyer-seller relationships[J]. Journal of marketing, 61(2):35-51.

DRUCKER P, 1954.The Practice of management[M]. New York:Harper Collins Publishers.

DUMAN T, MATTILA A S, 2005.The role of affective factors on perceived cruise vacation value[J]. Tourism management, 26(3): 311-323.

EAGLES P F J, 2001.Evolution of the concept of visitor use management in parks[J]. Industry and environment, 24(3): 65-67.

EMEKSIZ M, PESÄMAA O, 2009.Trust and loyalty relations among small tourism enterprises in the seaside villages[J]. Economics & business(9): 78-87.

FLAVIÁN C, GUINALÍU M, GURREA R, 2006.The role played by perceived usability, satisfaction and consumer trust on website loyalty[J]. Information & management, 43(1):1-14.

FOLEY A, FAHY J. 2004.Incongruity between expression and experience: the role of imagery in supporting the positioning of a tourism destination brand[J]. Journal of brand management, 11(3):209-217.

FORGAS S, MOLINER M A, SÁNCHEZ J et al., 2010.Antecedents of airline passenger loyalty: low-cost versus traditional airlines[J]. Journal of air transport management, 16(4): 229-233.

FORNELL C, 1992.A national customer satisfaction barometer: the Swedish experience[J]. Journal of marketing, 56(1):6-21.

FOURNIER S, 1994, A consumer-brand relationship framework for strategic brand management[R]. Florida: University of Florida.

FOURNIER S, SENSIPER S, MCALEXANDER J H, et al., 2000.Building brand community on the Harley-Davidson posse ride[D]. Allston: Harvard Business School.

FRAZIER, G L, 1983.On the measurement of interfirm power in channels of distribution[J]. Journal of marketing research, 20(5): 158-166.

FYALL A, CALLOD C, EDWARDS B, 2003.Relationship marketing: the challenge for destinations [J]. Annals of tourism research, 30(3): 644-659.

GALLARZA M G, GIL-SAURA I, 2006.Value dimensions, perceived value, satisfaction and loyalty: an investigation of university students' travel behavior[J]. Tourism management, 27(3):437-452.

GARBARINO E, JOHNSON M S, 1999. The different roles of satisfaction, trust, and commitment in customer relationships[J]. Journal of marketing, 63(2): 70-87.

GARTNER W C, RUZZIER M K, 2010.Tourism destination brand equity dimensions: renewal versus repeat market[J]. Journal of travel research, 50(5):471-481.

GILL D, BYSLMA B, OUSCHAN R, 2007.Customer perceived value in a cellar door visit: the impact on behavioural intentions[J]. International journal of wine business research, 19(4):257-275.

GRATZER M. WINIWARTER W, 2003. A Framework for competitive advantage in eTourism[C]. Proceedings of the 10th International Conference on Information Technology and Travel & Tourism. Berlin: Springer-Verlag.

GUIRY M, VEQUIST D G, 2014.South Korea's medical tourism destination brand personality and the Influence of personal values[J]. Asia Pacific journal of tourism research, 20(5):1-22.

GUO W, WANG F J, DONG D W, et al., 2016.Regional tourism brand optimization technique based on the experimental design and exploratory analysis[J]. Journal of computational and theoretical nanoscience,13(5): 3269-3272.

GYIMÓTHY S, 2000.Visitors' perceptions of holiday experiences and service providers: an exploratory study[J]. Journal of travel & tourism marketing, 8(2):57-74.

HA J, JANG S C, 2010.Perceived values, satisfaction, and behavioral intentions: the role of familiarity in Korean restaurants[J]. International journal of hospitality management, 29(1):2-13.

HAIR J F, ANDERSON R E, TATHAM R L, et al., 1995. Multivariate data analysis: with readings[M]. 4th ed. New York: Prentice Hall College Div.

HAN H, KIM W, HYUN S S, 2011.Switching intention model development: role of service performances, customer satisfaction, and switching barriers in the hotel industry[J]. International journal of hospitality management, 30(3):619-629.

HANZAEE K H, ANDERVAZH L, 2012.An analysis of some moderating variables on the value, brand trust and brand loyalty chain[J]. Research journal of applied sciences, engineering and technology, 4(10):1403-1413.

HAUSER J R, SIMESTER D I, WERNERFELT B, 1994. Customer satisfaction incentives[J]. Marketing science, 13(4):327-350.

HEIDE J B, WEISS A M, 1995.Vendor consideration and switching behavior for buyers in high-technology markets[J]. Journal of marketing, 59(3):30-43.

HIGGINS K T, 1998.The value of consumer value analysis[J]. Marketing research, 10(4):39-44.

HO L H, CHUNG C W, LIN S P, et al., 2010.Visitors involvement, perceived value, satisfaction and behavioural intention on tourist express trains in Taiwan[J]. International journal of services technology and management, 13(3): 305-322.

HONG I B, CHO H, 2011.The impact of consumer trust on attitudinal loyalty and purchase intentions in B2C e-marketplaces: intermediary trust vs. seller trust [J]. International journal of information management, 31(5):469-479.

HU H J KANDAMPULLY J, JUWAHEET T D, 2009.Relationships and impacts of service quality, perceived value, customer satisfaction and image: an empirical study[H]. Journal of services industry, 29(2): 111-125.

HUANG S S, HSU C H C, 2009.Effects of travel motivation, past experience, perceived constraint, and attitude on revisit intention[J]. Journal of travel research,48(1):29-44.

HUANG S Y, SHEN Y, CHOI C, 2015.The effects of motivation, satisfaction and perceived value on tourist recommendation[C]//Travel and Tourism Research Association: Advancing Tourism Research Globally.

HUANG J T, ZHANG D P, 2008. Customer value and brand loyalty: multi-dimensional empirical test[C]// International Seminar on Future Information Technology and Management Engineering.University of Leicester, Leicestershire, United Kingdom: IEEE.

HUANG Y, DENG J Y, LI J, et al., 2008.Visitors' attitudes towards China's National Forest Park policy, roles and functions, and appropriate use[J]. Journal of sustainable tourism, 16(1):63-84.

HUBER F, HERRMANN A, 2000.The role of customer value in arriving at an assessment of satisfaction: results of a causal analytical study[J]. Development in marketing science, 30(1):110-115.

HOWARD J A, SHETH J N, 1969.The theory of buyer behavior[M]. New York: Wiley.

IBÁÑEZ V A, HARTMANN P, CALVO P Z, 2006.Antecedents of customer loyalty in residential energy markets: service quality, satisfaction, trust and switching costs[J]. Service industries journal, 26(6):633-650.

JACOBY J, CHESTNUT R W, 1978. Brand loyalty measurement and management[M]. New York: Wiley.

JAMAL S A, OTHMAN N, MUHAMMAD N M N, 2011.Tourist perceived value in a community-based homestay visit: an investigation into the functional and experiential aspect of value[J]. Journal of vacation marketing, 17(1):5-15.

JAMALUDIN M, JOHARI S, AZIZ A, et al., 2012. Examining structural relationship between destination image, tourist satisfaction and destination loyalty[J].International journal of independent research and studies, 1(3):89-96.

JARVENPAA S L, TODD P A, 1996.Consumer reactions to electronic shopping on the world wide web[J]. International journal of electronic commerce, 1(2):59-88.

JOHNSON J L, CULLEN J B, SAKANO T, et al., 1996.Setting the stage for trust and strategic integration in Japanese-U.S. cooperative alliances [J]. Journal of international business studies, 27(5):981-1004.

JONES M A, MOTHERSBAUGH D L, BEATTY S E, 2002.Why customers stay: measuring the underlying dimensions of services switching costs and managing their differential strategic outcomes[J]. Journal of business research, 55(6): 441-450.

KANDAMPULLY J, SUHARTANTO D, 2000.Customer loyalty in the hotel industry: the role of customer satisfaction and image[J]. International journal of contemporary hospitality management, 12(6): 346-351.

KASHYAP R, BOJANIC D C, 2000.A structural analysis of value, quality, and price perceptions of business and leisure travelers [J]. Journal of travel research, 39(1): 45-51.

KAUSHIK A K, AGRAWAL A K, RAHMAN Z, 2015.Tourist behavior towards self-service hotel technology adoption: trust and subjective norm as key antecedents[J]. Tourism management perspectives, 16: 278-289.

KAVARATZIS M, ASHWORTH G J, 2005. City branding: an effective assertion of identity or a transitory marketing trick?[J] Tijdschrift voor economische en sociale geografie, 96(5): 506-514.

KELLER K L. 2003.Understanding brands, branding and brand equity[J]. Journal of direct, data and digital marketing practice, 5(1):7-20.

KIM H Y, YOON J H, 2013.Examining national tourism brand image: content analysis of Lonely Planet Korea[J]. Tourism review, 68(2): 56-71.

KIM M J, CHUNG N, LEE C K, et al., 2012.Do loyalty groups differ in the role of trust in online tourism shopping? A process perspective[J]. Journal of travel & tourism marketing, 29(29):352-368.

KIM M K, PARK M C, JEONG D H, 2004.The effects of customer satisfaction and switching barrier on customer loyalty in Korean mobile telecommunication services[J]. Telecommunications policy, 28(2):145-159.

KONECNIK M, GO F, 2008.Tourism destination brand identity: the case of Slovenia [J]. Journal of brand management, 15(3):177-189.

KUO Y F, WU C M, DENG W J, 2009.The relationships among service quality, perceived value, customer satisfaction, and post-purchase intention in mobile value-added services[J]. Computers in human behavior, 25(4):887-896.

LAI K, LI X, 2015.Tourism destination image Conceptual problems and definitional solutions[J]. Journal of travel research, 55(8): 1065-1080.

LAM S Y, SHANKAR V, ERRAMILLI M K, et al., 2004.Customer value, satisfaction, loyalty, and switching costs: an illustration from a business-to-business service context[J]. Journal of the academy of marketing science, 32(3): 293-311.

LAROCHE M, SADOKIERSKI R, 1994.Role of confidence in a multi-brand model of intentions for a high-involvement service [J]. Journal of business research, 29(1): 1-12.

LAU G T, LEE S H, 1999.Consumers' trust in a brand and the link to brand loyalty [J]. Journal of market-focused management, 4(4):341-370.

LEE C K, YOON Y S, LEE S K, 2007. Investigating the relationships among perceived value, satisfaction, and recommendations: the case of the Korean DMZ[J]. Tourism management, 28(1): 204-214.

LEE J, LEE J, FEICK, 2001.The impact of switching costs on the customer, satisfaction-loyalty link: mobile phone service in France[J]. Journal of services marketing, 15(1):35-48.

LEE S, JEON S, KIM D, 2011.The impact of tour quality and tourist satisfaction on tourist loyalty: the case of Chinese tourists in Korea[J]. Tourism management, 32(5):1115-1124.

LEE S, PHAU I, HUGHES M, et al., 2016. Heritage tourism in Singapore Chinatown: a perceived value approach to authenticity and satisfaction[J]. Journal of travel & tourism marketing, 37(7): 981-998.

LEE S Y, PETRICK J F, CROMPTON J, 2007.The roles of quality and intermediary constructs in determining festival attendees' behavioral intention[J]. Journal of travel research, 45(4):402-412.

LEMON K N, RUST R T, ZEITHAML V A, 2001.What drives customer equity?[J]. Marketing management, 10(1): 20-25.

LERTWANNAWIT A, GULID N, 2014.A structural relationship between domestic tourist satisfaction, trust, switching barriers and retention[J]. International business & economics research journal,13(6): 1375-1382.

LEWIS B R, SOURELI M, 2006.The antecedents of consumer loyalty in retail banking[J]. Journal of consumer behaviour, 5(5):15-31.

LOVELL G, 2009.Can I trust you? An exploration of the role of trust in hospitality service settings[J]. Tourism and hospitality planning & development, 6(2): 145-157.

LOUREIRO S M C, GONZÁLEZ F J M, 2008.The importance of quality, satisfaction, trust, and image in relation to rural tourist loyalty.[J] Journal of travel & tourism marketing, 25(2): 117-136.

MÄGI A, JULANDER C R, 1996.Perceived service quality and customer satisfaction in a store performance framework: an empirical study of Swedish grocery retailers[J]. Journal of retailing & consumer services, 3(1):33-41.

MAHMOODZADEH M, 2015.The effect of brand experience, service quality and perceived value on brand loyalty study (Case study: national bank of birjand city)[J]. Environmental conservation journal, 16(SE):387-394.

MAUTE M F, FORRESTER W R, 1993.The structure and determinants of consumer complaint intentions and behavior[J]. Journal of economic psychology, 14(2):219-247.

MCCOLE, P, 2001.The role of trust for electronic commerce in services[J]. International journal of contemporary hospitality management, 14(2): 81-87.

MCDONALD R P, MARSH H W, 1990.Choosing a multivariate model: noncentrality and goodness of fit[J]. Psychological bulletin, 107(2):247-255.

MCDOUGALL G H G , LEVESQUE T J, 1995.A revised view of service quality dimensions[J]. Journal of professional services marketing,11(1):189-210.

MELLENS M, DEKIMPE M, G, STEENKAMP J B E M, 1996.A review of brand-loyalty measures in marketing [J]. Tijdschrift voor economie en management, 41 (4): 507-533.

MINARTI S N, SEGORO W, 2014.The influence of customer satisfaction, switching cost and trusts in a brand on customer loyalty: the survey on student as im3 users in Depok, Indonesia [J]. Procedia-social and behavioral sciences, 143(14):1015-1019.

MOHAMMAD A A S, 2012. The effect of brand trust and perceived value in building brand loyalty [J]. International research journal of finance and economics, 85:111-126.

MOLINER M A, 2009.Loyalty, perceived value and relationship quality in healthcare services[J]. Journal of service management, 20(1):76-97.

MOLINER M A, SÁNCHEZ J, RODRÍGUEZ R M,et al., 2007. Perceived relationship quality and post-purchase perceived value: an integrative framework [J]. European journal of marketing, 41(11):1392-1422.

MONROE K B, 1990.Pricing: making profitable decisions[M]. 2nd ed. New York: McGraw-Hill Companies.

MOORMAN C, ZALTMAN G, DESHPANDE R, 1992.Relationships between providers and users of market research: the dynamics of trust within and between organizations[J]. Journal of marketing research, 29:314-328.

MOOSA M Y, HASSAN Z, 2015. Customer perceived values associated with automobile and brand loyalty[J]. International journal of accounting & business management, 3(1):92-107.

MORGAN N, PRITCHARD A, PIGGOTT R, 2002.New Zealand, 100% pure. The creation of a powerful niche destination brand[J]. Journal of brand management, 9(4):335-354.

MOWDAY R T, STEERS R M, PORTER L W, 1979.The measurement of organizational commitment[J]. Journal of vocational behavior, 14(2):224-247.

MURPHY P, PRITCHARD M P, SMITH B, 2000.The destination product and its impact on traveler perceptions[J]. Tourism management, 21(1):43-52.

NEAL W D, 1999.Satisfaction is nice，but value drives loyalty[J]. Marketing research, 11(1):21-23.

NEWMAN J W, WERBEL R A, 1973.Multivariate analysis of brand household appliances loyalty for major household appliances[J]. Journal of marketing research, 10(4):404-409.

NOOTEBOOM B, BERGER H, NOORDERHAVEN N G, 1997.Effects of trust and governance on relational risk[J]. The academy of management journal, 40(2):308-338.

OH H, 1999.Service quality, customer satisfaction, and customer value: a holistic perspective[J]. International journal of hospitality management, 18(1): 67-82.

OH H, 2000. Diners' perceptions of quality, value, and satisfaction: a practical viewpoint[J]. Cornell hotel and restaurant administration quarterly, 41(3): 58-66.

OLIVA T A, OLIVER R L, MACMILLAN I C, 1992.A CATASTROPHE MODEL for developing service satisfaction strategies[J]. Journal of marketing, 56(3):83-95.

OLIVER R L, 1980.A cognitive model of the antecedents and consequences of satisfaction decisions[J]. Journal of marketing research, 17(4): 460-469.

OLIVER R L, 1981.Measurement and evaluation of satisfaction process in retail settings[J]. Journal of retailing, 57(3):25-48.

OLIVER R L, 1997.Satisfaction: a behavioral perspective on the consumer[M]. New York: McGraw-Hill Companies.

OLIVER R L, 1999. Whence consumer loyalty?[J]. Journal of marketing, 63(special issue): 33-44.

OLIVER R L, DESARBO W S, 1988.Response determinants in satisfaction judgments[J]. Journal of consumer research, 14(4):495-507.

O'NEILL M A, MCKENNA M A, 1994.Northern ireland tourism: a quality perspective[J]. Managing service quality, 4(2):31-35.

OPPERMANN M, 1999.Predicting destination choice: a discussion of destination loyalty[J]. Journal of vacation marketing, 5(1):51-65.

OSMAN Z, SENTOSA I, 2013.Study of mediating effect of trust on customer satisfaction and customer loyalty relationship in Malaysian rural tourism[J]. European journal of tourism research, 6(2):192-206.

PARASURAMAN A,GREWAL D, 2000.The impact of technology on the quality-value-loyalty chain: a research agenda[J]. Journal of the academy of marketing science, 28(1):168-174.

PARASURAMAN A, ZEITHAM V A, BERRY L L, 1985. A conceptual model of service quality and its implications for future research[J]. Journal of marketing, 49(4):41-50.

PETRICK J F, 2002.Development of a multi-dimensional scale for measuring the perceived value of a service[J]. Journal of leisure research, 34(2):119-134.

PETRICK J F, 2004.The roles of quality, value, and satisfaction in predicting cruise passengers' behavioral intentions[J]. Journal of travel research, 42(4): 397-407.

PIKE S, 2005. Tourism destination branding complexity[J]. Journal of product & brand management,14(4):258-259.

PIZAM A, 1978.Tourism's impacts: the social costs to the destination community as perceived by its residents[J]. Journal of travel research, 16(4):8-12.

PODSAKOFF P M, MACKENZIE S B, LEE J Y, et al., 2003.Common method biases in behavioral research: a critical review of the literature and recommended remedies[J]. Journal of applied psychology, 88(5):879-903.

PODSAKOFF P M, ORGAN D, 1986. Self-report in organisational research: problems and prospects[J]. Journal of management, 12(4):69-82.

POMERING A, WHITE L, 2011.The portrayal of indigenous identity in Australian tourism brand advertising: engendering an image of extraordinary reality or staged authenticity? [J]. Place branding and public diplomacy, 7(3):165-174.

PORTER M E, 1980. Competitive strategy[M]. New York: Free Press.

PRITCHARD M P, HAVITZ M E, HOWARD D R, 1999.Analyzing the commitment-loyalty link in service contexts[J]. Journal of the academy of marketing science,27 (3): 333-348.

RROUGESTAPORN A, BATRA A, 2018. Examining the structural relationships of destination image, tourist satisfaction and destination loyalty: an integrated approach[J]. Tourism management, 29(4): 624-636.

PURA M, 2005.Linking perceived value and loyalty in location-based mobile services[J]. Managing service quality,15(6):509-538.

RAJESH R, 2013.Impact of tourist perceptions, destination image and tourist satisfaction on destination loyalty: a conceptual model[J]. PASOS. Revista de turismo Y patrimonio cultural, 11(3):67-78.

RAMSEOOK-MUNHURRUN P, SEEBALUCK V N, NAIDOO P, 2015.Examining the structural relationships of destination image, perceived value, tourist satisfaction and loyalty: case of mauritius[J]. Procedia-social and behavioral sciences,175(12):252-259.

REICHHELD F F, 1996.The loyalty effect: the hidden force behind growth, profits, and lasting value[M]. Boston: Harvard Business School Press.

REICHHELD F F, SCHEFTER P, 2000.E-loyalty: your secret weapon on the web[J]. Harvard business review. 78(4): 105-113.

RIBBINK D, VAN RIEL A C R, LILJANDER V, 2004.Comfort your online customer: quality, trust and loyalty on the Internet[J]. Managing service quality, 14 (6): 446-456.

RILEY M, NIININEN O, SZIVAS E E, et al., 2001.The case for process approaches in loyalty research in tourism[J]. international journal of tourism research, 3(1): 23-32.

RINTAMÄKI T, KANTO A, KUUSELA H, et al., 2006.Decomposing the value of department store shopping into utilitarian, hedonic and social dimensions: evidence from Finland[J]. International journal of retail & distribution management, 34(1):6-24.

ROIG J C F, GARCIA J S, TENA M A M, et al., 2006.Customer perceived value in banking services [J]. International journal of bank marketing, 24(5):266-283.

ROSS S, WALL, G, 1999. Ecotourism: towards congruence between theory and practice[J]. Tourism management, 20(1):123-132.

ROWLEY, J, 2005.The four Cs of customer loyalty[J]. Marketing intelligence and planning, 23(6): 574-581.

RUNDLE-THIELE S, RUSSELL-BENNETT R, 2001. A brand for all seasons? A discussion of brand loyalty approaches and their applicability for different markets[J]. Journal of product & brand management,10(1): 25-37.

RUSSELL-BENNE R, RUNDLE-THIELE S, 2004. Customer satisfaction should not be the only goal[J]. Journal of service marketing, 18(7): 514-523.

SÁNCHEZ J, CALLARISA L, RODRÍGUEZ R M, et al., 2006.Perceived value of the purchase of a tourism product [J]. Tourism management, 27(3):394-409.

SEMONE P, KOZAK M, 2012.Towards a Mekong tourism brand[J]. Asia Pacific journal of tourism research,17(6):1-20.

SHETH J N, NEWMAN B I, GROSS B L, 1991.Why we buy what we buy: a theory of consumption values[J]. Journal of business research, 22(2):159-170.

SHOEMAKER S, LEWIS R C, 1999.Customer loyalty: the future of hospitality marketing[J]. International journal of hospitality management,18(4): 345-370.

SILVIUS M J, ONEKA M, VERHAGEN A, 2000.Wetlands: lifeline for people at the edge[J]. Physics and chemistry of the earth, part B: hydrology, oceans and atmosphere, 25(7-8):645-652.

SINGH J, SIRDESHMUKH D, 2000.Agency and trust mechanisms in consumer satisfaction and loyalty judgments[J]. Journal of the academy of marketing science, 28(1): 150-167.

SIRDESHMUKH D, SINGH J, SABOL B, 2002.Consumer trust, value, and loyalty in relational exchanges[J]. Journal of marketing, 66(1):15-37.

SIROHI N, Mclaughlin E W, WITTINK D R, 1998.A model of consumer perceptions and store loyalty intentions for a supermarket retailer[J]. Journal of retailing, 74(2): 223-245.

SO K K F, KING C, SPARKS B, 2014.Customer engagement with tourism brands: scale development and validation[J].Journal of hospitality & tourism research, 38(3):304-329

SPEKMAN R E, 1988.Strategic supplier selection: understanding long-term buyer relationships[J]. Business horizons, 31(4):75-81.

SPIROS P, NEKTARIOS A, KALLIOPI C, 2007.The relationships of customer-perceived value, satisfaction, loyalty and behavioral intentions[J]. Journal of relationship marketing, 6(1):63-87.

SWEENEY J C, SOUTAR G N, 2001.Consumer perceived value: the development of a multiple item scale[J]. Journal of retailing, 77(2): 203-220.

TABAKU E, KUSHI E, 2013.Service quality, customer satisfaction, perceived value and brand loyalty: a critical review of the literaturep[J]. Academic journal of interdisciplinary studies, 2(9):223-228.

TAM J L M, 2004.Customer satisfaction, service quality and perceived value: an integrative model[J]. Journal of marketing management, 20(7-8):897-917.

TRAKOLIS D, 2001.Local people's perceptions of planning and management issues in Prespes Lakes National Park, Greece[J]. Journal of environmental management, 61(3):227-241.

TRIBE J, SNAITH T, 1998.From SERVQUAL to HOLSAT: holiday satisfaction in Varadero, Cuba[J]. Tourism management,19(1):25-34.

TSAI M T, TSAI C L, CHANG H C, 2010.The effect of customer value, customer satisfaction, and switching costs on customer loyalty: an empirical study of hypermarkets in Taiwan[J]. Social behavior and personality: an international journal, 38(6):729-740.

URBAN G L, SULTAN F, QUALLS W J, 2000.Placing trust at the center of your internet strategy[J]. Sloan management review, 42(1): 39-48.

VAN DER DUIM R, HENKENS R J H G, 2007.Wetlands, poverty reduction and sustainable tourism development: opportunities and constraints[M]. Wageningen: Wetlands International.

VERMA H V, KAINTH J, GUPTA P, 2012.Consumer perceived value and brand loyalty: a study of retail banking[J]. International journal of customer relationship marketing and management, 3(4):1-15.

WANG H Y, WANG S H, 2010.Predicting mobile hotel reservation adoption: insight from a perceived value standpoint[J]. International journal of hospitality management, 29(4):598-608.

WANG W F, CHEN J S, FAN L L, et al., 2012.Tourist experience and wetland parks: a case of Zhejiang, China[J]. Annals of tourism research, 39(4):1763-1778.

WARR P, 1990.The measurement of well-being and other aspects of mental health[J]. Journal of occupational psychology, 63(3):193-210.

WEAVER D B，2001.The encyclopedia of ecotourism[M].Wallingford:CABI Publishing.

WEAVER D B, LAWTON L J, 2007.Twenty years on: the state of contemporary ecotourism research[J]. Tourism management, 28(5):1168-1179.

WILLIS M, SVENSSON M, LÖTHGREN M, et al., 2010. The impact on schizophrenia-related hospital utilization and costs of switching to long-acting risperidone injections in Sweden[J]. The European journal of health economics, 11(6):585-594.

WILSON D T, SONI P K, O'KEEFFE M, 1995. Modeling customer retention as a relationship problem[R].Institute for the Study of Business Markets, The Pennsylvania State University.

WOODRUFF R B, 1997.Customer value: the next source for competitive advantage[J]. Journal of the academy of marketing science, 25(2): 139-153.

WU C, HSING S S, 2006. Less is more: how scarcity influences consumers' value perceptions and purchase intents through mediating variables[J].Journal of American Academy of Business, 9(2): 125-132.

XIE K L J, XIONG L N, CHEN C C, et al., 2015.Understanding active loyalty behavior in hotel reward programs through customers' switching costs and perceived program value [J]. Journal of travel & tourism marketing, 32(3):308-324.

YANG Z L, PETERSON R T, 2004.Customer perceived value, satisfaction, and loyalty: the role of switching costs[J].

Psychology & marketing, 21(10):799-822.

YI S, DAY J, CAI L P A, 2014.Exploring tourist perceived value: an investigation of Asian cruise tourists' travel experience[J]. Journal of quality assurance in hospitality & tourism, 15(1):63-77.

YOON Y, UYSAL M, 2005. An examination of the effects of motivation and satisfaction on destination loyalty: a structural model[J]. Tourism management, 26(1):45-56.

ZBOJA J J, VOORHEES C M, 2006. The impact of brand trust and satisfaction on retailer repurchase intentions[J]. Journal of services marketing, 20(6):381-390.

ZEITHAML V A, 1988.Consumer perceptions of price, quality, and value: a means-end model and synthesis of evidence[J]. Journal of marketing, 52(3): 2-22.

ZEITHAML V A, BERRY L L, PARASURAMAN A, 1996.The behavioral consequences of service quality [J]. Journal of marketing, 60(2): 31-46.

ZILLIFRO T, MORAIS D B, 2004.Building customer trust and relationship commitment to a nature-based tourism provider: the role of information investments [J]. Journal of hospitality & leisure marketing, 11(2-3): 159-172.

附录 调查问卷

尊敬的女士/先生：

您好！非常感谢您在百忙之中填答这份问卷。

本问卷是一份仅用于学术研究的问卷，为了更好地了解游客对生态旅游景区品牌忠诚的影响状况，我们进行这次实地调查，您的认真填答对我们的研究至关重要。我们将为您的回答严格保密。对您的大力支持与合作，我们表示衷心感谢！

请根据您的实际情况回答以下问题，请在相应数字上打√（1～7表示您同意的程度：1=非常不同意，2=比较不同意，3=有一点不同意，4=不确定，5=有一点同意，6=比较同意，7=非常同意）。

第一部分 关于生态旅游景区游客行为的认识

请按您的看法在表中相应数字上打√。

	非常同意			不确定			非常不同意
1. 相对于自身所感受到的愉悦体验，购买品牌型生态旅游景区产品和服务付出是值得的	7	6	5	4	3	2	1
2. 相对于付出的时间、精力与财物成本，购买品牌型生态旅游景区产品和服务物有所值	7	6	5	4	3	2	1
3. 享受品牌型生态旅游景区产品和服务感觉比较划算	7	6	5	4	3	2	1
4. 生态旅游景区产品和服务满足了游客的需求	7	6	5	4	3	2	1
5. 与其他类型景区相比，品牌型生态旅游景区产品和服务让我更满意	7	6	5	4	3	2	1
6. 我对在品牌型生态旅游景区的旅游经历感到满意	7	6	5	4	3	2	1
7. 品牌型生态旅游景区产品和服务让我感到愉悦	7	6	5	4	3	2	1
8. 选择品牌型生态旅游景区是一个非常正确的决定	7	6	5	4	3	2	1
9. 我相信品牌型生态旅游景区可以确保其产品和服务质量	7	6	5	4	3	2	1

续表

	非常同意			不确定			非常不同意
10. 我相信不需要监督，品牌型生态旅游景区会审慎地提供产品和服务	7	6	5	4	3	2	1
11. 我认为品牌型生态旅游景区不会损害游客利益	7	6	5	4	3	2	1
12. 我认为品牌型生态旅游景区相关旅游信息不会欺骗游客	7	6	5	4	3	2	1

第二部分　关于生态旅游景区产品选择的认识

请按您的看法在表中相应数字上打√。

	非常同意			不确定			非常不同意
13. 对于非品牌型生态旅游景区能否带来较高的产品和服务质量，我不太确定	7	6	5	4	3	2	1
14. 选择非品牌型生态旅游景区旅游，感觉与己付出的时间、精力与财物成本不匹配	7	6	5	4	3	2	1
15. 如果不去品牌型生态旅游景区旅游，我也不知如何选择	7	6	5	4	3	2	1

第三部分　关于世界遗产地旅游产品品牌忠诚的认识

请按您的看法在表中相应数字上打√。

	非常同意			不确定			非常不同意
16. 我认为生态旅游景区品牌影响我的旅游目的地选择	7	6	5	4	3	2	1
17. 我觉得在品牌型生态旅游景区旅游成为我生活中难忘的一部分	7	6	5	4	3	2	1
18. 我愿意继续到此旅游，因为该生态旅游景区品牌对我而言是个不错的选择	7	6	5	4	3	2	1
19. 我会推荐其他人到品牌型生态旅游景区旅游	7	6	5	4	3	2	1
20. 我非常愿意在该品牌型生态旅游景区旅游	7	6	5	4	3	2	1
21. 我将来还会去其他品牌型生态旅游景区旅游	7	6	5	4	3	2	1
22. 我会告诉身边朋友，品牌型生态旅游景区旅游经历物有所值	7	6	5	4	3	2	1

第四部分　请提供简单的个人资料

请按您的看法在相应方框上打√。

1．您的性别：

□男　□女

2．您的年龄：

□18 岁以下　□18～35 岁　□36～45 岁　□46 岁及以上

3．您的教育程度：

□高中及以下　□大专　□本科　□硕士及以上

4．您的职业：

□公务员　□企业职工　□教师　□学生

□离退休人员　□自由职业者

5．您的月收入：

□3000 元及以下　□3001～4500 元　□4501～6000 元

□6001 元及以上